インターネットと英語学習

名古屋大学言語文化部・国際言語文化研究科公開講座委員会　編

開文社出版

インターネットと英語学習

目　次

まえがき

学術目的などにほぼ限定されていたインターネットが，一般社会に開放されたのは，1994（平成6）年でした。これによって，インターネットは人類にとって必須の情報流通システムになりました。インターネットの普及によって，社会が様々な点で変わりつつあります。まだ未熟で未完成のシステムですが，それは現在でも発展途上にあるということですから，今後，ますます発展していくことを意味します。英語教育，英語学習においても，これまで考えられなかった状況が生まれてきています。たとえば，インターネットを使うことで，英語の教科書以外に実際に使われている「生の」英語に接することが可能になりました。さらに「生の」英語を使っている人と，電子メールやチャットなどを通じて，直接コミュニケーションをとったり，World Wide Web（WWW）によって，海外の情報をマスコミを介さず自由に入手することもできるようになったわけです。実際に英語を使う機会が少なく，英語を学ぶ外発的・内発的動機に欠け，なかなか使えるようにならないと批判されることの多かった日本の英語教育も，インターネットの出現によって，実際に英語を使う場を得ることができるようになったわけです。実際に使う機会さえあれば，実利的動機と内発的動機が生まれ，学習者自身が外国語学習に積極的に取り組んでいくことになるでしょう。

こうした社会情勢の変化により，我々英語を教える立場にいるものも，インターネットを取り入れた英語教育，英語学習のノウハウを考える必要に迫られています。海外と直接接触することが容易になった全く新しい状況の中で，どのように英語を教え，学んでいけば良いのか，教える側も学ぶ側も試行錯誤を繰り返しながら，より良い状況を作っていくしかありません。また，インターネット自体がまだまだ発展途上にあり，次々に新しいソフトウエアや新しいテクノロジーが生まれて来ているという現実もあります。英語の学習以前にその手段となるインターネットの使い方に苦労させられることも多々ありますが，大切なのは，新しいソフトウエアやテクノロジーをいかに使うかではなく，英語の教育，学習をいかに促進させるかです。半年も経てば消えてしまうようなソフトウエアの使い方を次から次に追いかける必要はありません。インターネットの利用にあたってはその根本を理解し，それが英語教育，英語学習にどのように生かせるのかを考えることが大切だと考えます。

本書は，以上のような問題意識の下，1999（平成11）年6月に名古屋大学言語文化部と国際言語文化研究科が合同で行った公開講座「インターネットと英語学習」のテキストを基にして編纂されたものです。この講座の目的は、インターネット時代に相応しい新しい英語教育，英語学習の方法の紹介でした。新しいインターネット時代の英語教育の可能性，方向性をいくつかの観点から試行錯誤したその途中経過の紹介といってもいいでしょう。いわゆるハウツー物とは違い，個々のソフトウエアの解説が直接の目的ではなく，あくまで新しい英語教育，英語学習のあり方を観念論ではなく，実践に基づいて考察しています。

本書で取り上げたテーマは，電子メール，チャット，World Wide Web（WWW）など，インターネットを介した情報流通に直接関係したテーマと，電子辞書やマルチメディア教材，更にコーパスの利用など広い意味での「電子環境の進展」に関係したテーマの双方を扱っています。（このうち，マルチメディア教材の章だけは，公開講座のテーマには入っていませんでしたが，今回，新たに追加しました。）

公開講座のテキストを一般書籍として出版するにあたっては，出版を引き受けて下さった開文社出版の安居洋一社長に心から感謝の意を表したいと思います。また，元・開文社出版の原島康晴氏にもお世話になりました。お二人には，原稿の提出が当初の予定を大幅に遅れたため，ご迷惑も随分おかけしてしまいました。また，原稿をまとめるにあたり，名古屋大学国際言語文化研究科，国際開発研究科国際コミュニケーション専攻，人間情報学研究科社会情報学専攻言語情報論講座の大学院生からは，公開講座のテキストへのコメントや原稿の校正などにおいて，多大の援助を得ました。併せて，感謝の意を表したいと思います。

名古屋大学言語文化部・国際言語文化研究科では，今後ともインターネットと英語学習に関する環境整備を進めていきたいと考えていますので，本書への忌憚のないご意見を頂戴できれば幸甚です。

2001（平成13）年1月1日

名古屋大学言語文化部・国際言語文化研究科公開講座委員会

電子メール，その他の活用法

松岡　光治

1　はじめに

英語学習に限らず何ごとにおいても，自分の行為を持続・発展させるために，モーティベーション（動機づけ）が必要なことは言うまでもありません。私はインターネットに関する個人的な意見として，英語学習の能率の点だけでなく，このモーティベーションの点においても，現段階ではまだウェッブよりも電子メールの方が役に立つと思います。ネット・サーフィンは確かに楽しいものです。しかし，英語のサイトを見ている大部分の学習者が何をしているかと言えば，ホームページ上の画像を楽しみながら見出しを拾い読みしているだけのことが多いのです。それは，ちょうど英語のポップスを聞いている時に，メロディーを楽しんでいるだけで，歌詞を聴き取っているわけではないのと同じです。このようなネット・サーフィンでは，リーディングの力を伸ばすことは期待できません。もちろん，レポート作成のためにサーチ・エンジンで様々なウェッブ・サイトを検索し，必要な情報を求めて英語を必死に読む人は，その過程で自然と読解力がついていることでしょう。しかし，それは必要に駆られて自分の意志によって読む人の場合に言えることであって，楽しみのためにネット・サーフィンをする人には当てはまりません。楽しみながら英語力をつけることは確かに理想的な学習法ですが，それには毎日かなりの時間をネット・サーフィンに費やす必要があります。

スポーツにも同じことが言えますが，基礎力の養成はつらくて楽しくないのが当たり前です。しかし，モーティベーションさえあれば，基礎力養成のつらさも軽減されます。その意味で，電子メールは英語学習の強力なモーティベーションになると思います。ネイティヴとの面と向かってのコミュニケーションは，どうしても両者の間に話すスピードの差があるので，日本人の場合は億劫になりがちです。その点，電子メールは自分のペースに合わせて，意志伝達ができます。それはスピーキングとライティングの違いですから，当然と言えば当然かもしれません。電子メールが “e-mail” と表現されるのに対して，通常の郵便はしばしば韻を踏ませて “snail-mail” と呼ばれます。電子メールも「郵便」ですから，手紙を書くのと基本的には変わらないのですが，“electronic” である以上，電子メールのライティングは従来の授業や試験のための英作文と違って，主として電話のように会話調でなされる傾向があります。特にプライベートの電子メールは，手紙というよりは電話でのおしゃべりに近い感じがします。逆に言えば，電子メールを英語学習の基幹として，スピーキングにも役立てることができるはずです。

例えば，私のウェッブ・サイトの一つ “English Conversation Phrases”（http://www.lang.nagoya-u.ac.jp/~matsuoka/English.html：以下，http://www.lang.nagoya-u.ac.jp は省略）に次のようなものがあります。

English Conversation Phrases 1

JAPANESE

1. （米口語）いいよ！／どうも！
2. （英口語）乾杯！／どうも！／じゃあね！
3. うわっ！（驚き）
4. すごい！
5. もちろん、いいとも！
6. ごめんなさい。御迷惑とは思わなかったもので。
7. そんな事をした覚えはありません。
8. 君に電話だよ。
9. それで話が決まった。
10. （改まって）自己紹介させてください。

****

ENGLISH

1. Sure!
2. Cheers!
3. Gosh! (= God / Gee! = Jesus / Oh, boy! / Oh dear!)
4. Terrific! [Great! / Super! / Splendid! / Marvelous!]
5. Sure! No problem!
6. I'm sorry. I didn't know it was bothering you.
7. I deny having done any such thing.
8. You are wanted on the phone.
9. That settles it!
10. Allow me to introduce myself to you.

いきいきした会話表現を電子メールから拾い上げ，コピー＆ペーストで自分専用のファイルを作ってウェッブ・サイトのようにすれば，たとえプロバイダーと契約してインターネットに接続していなくても，自宅のパソコンのブラウザ上で英語と日本語の会話表現を比較して覚えることができます。上の例では，日本語の番号をクリックすれば，同一ページにある英語の番号の行へジャンプします。もちろん，その逆もできます。とはいえ，スピーキングだけに限定して言えば，ネットワーク上でのリアルタイムのメッセージのやりとりである「チャット」（第７節を参照）の方が，電子メールよりはずっと面白くて役に立つと思います。

一般に，希望する大学への合格は英語学習の最大・最強のモーティベーションになっていますが，入学後の学生が英語学習を持続するには，それに代わるモーティベーションが必要です。それを自分で見出せない学生に対して，私は英語の授業で電子メールの活用を推奨しています。具体的には，電子メールをベースにして，何か自分の関心のある英語の「メーリング・リスト」（第５節を参照）に加入させ，自分の投稿とそれに対する返事を保存させます。そして，それを自分たちの意見として一般公開するために，ウェッブ上に「英語のホームページ」（第９節を参照）を開設させています。こういった授業の経験から言えば，インターネットを使った英語学習において，学生諸君が最も関心を持って続けているのが，第6節で述べることになる「電子メール・ペンパル」とのメッセージのやりとりです。そこには受験英語にはない，本物のコミュニケーションを通してこそ感じられる何かがあるようです。もちろん電子メールのペンパルを作るだけで飛躍的に英語力が高まるはずはありませんが，未知の世界における友情の構築によって，それが自発的に英語学習を持続するモーティベーションになれば，それだけでもやってみる価値は十分にあります。

それでは，これから英語学習に役立てるための，そして英語学習のモーティベーションにするための「電子メール，その他の活用法」を実際に説明していきます。その前に，文字化けをはじめとする電子メールに関する諸問題に詳しくない方は，次の一般注意事項を読んでください。

電子メールの注意点

1. 英語の場合，もちろん半角英数字しか使えません。ときどき全角のローマ字を使う人を見かけますが，海外の人が見れば（日本語のフォントがない限り）次のように当然ながら文字化けします。

```
*1SÔ,Í*_,Ì"E'Ï,>-Í•í,·,x,«,Å, ,è*i*uf}f^fC*v5:45*j*AfLfSfX
fg,Ì'í*q,*,¿,Í*t,Ì-Í"Í,É•í,¢*AS*Sì,ÆSó-],É-*,¿,*•s"2,Ì***À
,3,>,à,Á,Ä"-SQ,â**-û,É-§,¿Œü,©,Á,Ä,¢,é*B*M<Â*Ó,à,Ü,**A,æ,è
-Ú-§,*,È,¢"ú*X,Ì*¶S^,É,¨,¢,Ä,à*A'**1,ÌŒ‡"_,>*_~a,Æ^€,Ì,€,¿
,É"E,Ô,±,Æ,ª•K-v,Å, ,é*B
```

2. 受信者がスクロールせずに最初の画面で読めるように，電子メールは簡潔に書くべきです。もちろん長いメールが喜ばれる場合（恋人の場合？）は別です。

3. メール・ソフトによってはイタリックやボールドや下線などの特殊なスタイルを表示できるものもありますが，それができないソフトの使用者のために，使用はできるだけ避けた方がよいでしょう。例えば，メールの文章を飾ることができるHTML形式（Hyper Text Markup Languageとは，表示方法を命令するのにタグと呼ばれる記号 < > で囲んで，その命令の効果範囲を指定するもので，ホームページを作成する時に使われます）のメールをサポートしていない相手方では，メール本文は正しく表示されます（メッセージ欄が空白になる場合もあります）が，次のようにタグがすべて表示されてしまい，非常に読みにくいものになります。

```
<x-html><!x-stuff-for-pete base="" src="" id="0"><!DOCTYPE
HTML PUBLIC "-//W3C//DTD HTML 4.0 Transitional//EN">
<HTML><HEAD>
<META content="text/html; charset=iso-8859-1" http-equiv=Content-Type>
<META content="MSHTML 5.00.2314.1000" name=GENERATOR>
<STYLE></STYLE>
</HEAD>
<BODY bgColor=#ffffff>
<DIV><FONT face=Arial size=2>A site you might be interested in is mine.  As far as
I have been able to determine it is the only non-commercial site on the web that features a
victorian home. .</FONT></DIV>
<DIV> </DIV>
<DIV><FONT face=Arial size=2>Harold Gillis</FONT></DIV>
<DIV><FONT face=Arial size=2><A
href="mailto:harold@gillishome.com">harold@gillishome.com</A></FONT></DIV>
<DIV> </DIV></BODY></HTML>
</x-html>
```

作成したメールを正しく送信するためにも，相手が HTML 形式を表示できるメール・ソフト使用者であることが分かっていない限り，TEXT 形式で送るべきです。メール・ソフトが “Outlook Express” の場合は，「ツール」メニューから「オプション」を選び，「送信」をクリックして「テキスト形式」の方をチェックしてください。

4.　小文字だけや大文字だけのメッセージを時おり目にしますが，これも相手に違和感を与えないために避けた方がよいでしょう。

5.　受け取ったメールに対して“Reply”（返信）キーを押す時は細心の注意が必要です。添付ファイルがある場合は削除しなければならないことがあります。相手のメッセージの引用も不必要な箇所はできるだけカットすべきです。それから，メーリング・リストからのメールに関しては，“Reply”キーの使用は避けた方が無難です。同じ学会に所属する友人と日頃よくメールのやりとりをしていた人が，そのメンバー数千人の学会のリストに友人の投稿が流れた時，友人からの自分への私信だと勘違いして，無意識的に“Reply”キーを押し，会長の悪口を書いて発信してしまったという話があります。覆水盆にかえらず。“Reply”キーは確かに便利ですが，本当に恐ろしいものです。送信ボタンを押す前に，宛先を必ず確認しましょう。

6.　英語のメールを書いた時はスペル・チェックも忘れないように！大抵のワープロ・ソフトにはチェックの機能がついていますので，そちらにコピー&ペーストしてチェックしましょう。面倒くさいと思う人には，スペル・チェックの機能つきメール・ソフト（Eudora Proなど）もあります。

7.　電子メールを受け取る時に最も困るのは，メール本文や添付ファイルの文字化けです。日本語の場合ほど頻繁ではありませんが，英語の場合も文字化けすることがあります。文字化けの原因については詳述しませんが，そのようなメールを受け取った時は，“The Web KANZAKI”にアクセスして，「文字化けしたメールの修復」（http://www.kanzaki.com/docs/jis-recover.html）を利用してみてはいかがでしょうか。このサイトにあるフォームに文字化けしたテクストを入力して「解読」ボタンを押すだけで，元の文章に修復されることがあります。

8.　添付ファイルの形式にはbase64, uuencode, BinHexなどがあり，ソフトによって受信可能な形式はまちまちです。添付ファイルを送る時には，相手が受信可能な環境にあるか（同じOSか，同じメール・ソフトを持っているか）どうか，確認する必要があります。テクスト形式のファイルであっても，添付すると文字化けすることがあるので，その場合はできるだけメールの本文にペーストして，長ければ分割して送るべきです。メーリング・リストへは添付ファイルを送ってはいけません。無神経な人間だと思われるだけです。

9. 知らない人からの添付ファイルは絶対に開かないでください。ハード・ディスクやプログラムを破壊したり，故障の原因となるようなウィルスに感染させるファイルである可能性があるからです。好奇心は命取りになることがあります。ウィルス情報データベースについては，業界で最大のウィルス研究所 AntiVirus Research Center（http://www.symantec.com/region/jp/sarcj/sarcj.html）のホームページを御覧ください。

10. 自分のホームページを持っている人は，添付ファイルを PDF（尾注を参照）に変換してウェッブ上に置き，そのアドレスを電子メールで相手に知らせて，直接ダウンロードしてもらうのが一番よいと思います。ホームページを持っていない場合でも，PDF に変換したファイルを電子メールに添付して送れば，相手が PDF を読む無料ソフト“Adobe Acrobat Reader”（http://www.adobe.co.jp/products/acrobat/readstep2.html）を持っている限り，文字化けしないはずです。

11. 自分の知らない外国語のメールであれば，それはその人にとって文字化けと同じことかもしれません。英語以外の電子メールが来た場合は，それが独，仏，西，伊，葡語であれば，“AltaVista Translations”（http://world.altavista.com/）サービスで，英語に変換できます。もちろん，その逆も可能です。例えば，次のようなスペイン語と思われるメールが来たら，コピー&ペーストで下のウィンドウに入れ，“Spanish to English” を選んでみましょう。

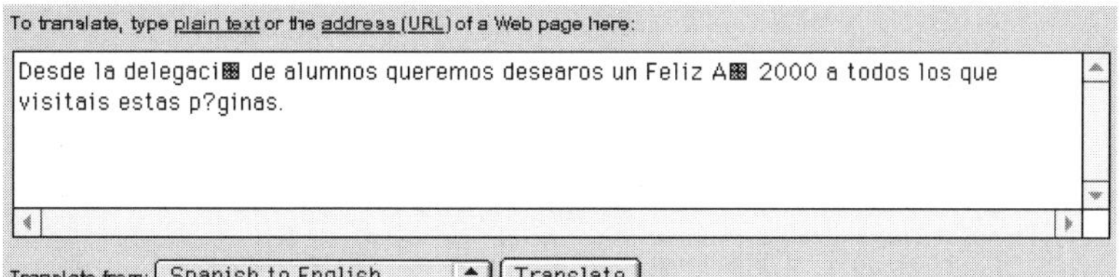

無料ですので多くを期待してはいけませんが，“Desde la delegación de alumnos

queremos desearos un Feliz Año 2000 a todos los que visitais estas páginas.” が “From the delegation of students we want desearos a Happy Year 2000 to all those that visitais these p?ginas.” くらいには翻訳されます。英語と日本語の変換（廉価版から高価版まで市販のソフトは既にたくさんあります）サービスを提供するサイトも，いずれ出てくるはずです。そうなると，従来の翻訳中心の英語教育も変化せざるを得ないでしょう。

2　電子メールのアカウント

最近では大学入学と同時に，学内のコンピュータ・ルームでインターネットを利用する際のユーザ名とパスワードが自動的に与えられています。大学以外でも，インターネットを利用する契約をプロバイダーと交わす際に，電子メール・アカウントが割り当てられ，普通はその使用料が月ぎめの料金に組み込まれています。しかし，メール・サーバがダウンした場合のことなどを考えて，あるいはメールの使い分け（プライベート用とそれ以外など）のために，できれば複数の電子メール・アカウントを開設しておいた方がよいでしょう。ウェッブ上には無料でアカウントを開設させてくれるサイトがたくさんあります。無料ということは，そのサイトにアクセスした時に，そこの広告を見なければならないことを意味しますが，慣れてくれば一向に気にならなくなります。大学などで割り振られるユーザ名は学籍番号と同じ場合が多く，とても無機質な感じがしますし，なかなか友人に覚えてもらえないものです。ただし，この無料で提供されるメール・アカウントはウェッブ経由ですので，専用のメール・ソフトに比べると，処理に時間がかかることを覚悟しておく必要があります。

ここでは例として “Youpy”（http://www.youpy.com/index.jsp）という米国のサイトで，電子メール・アカウントを開設してみます。ここは有名なサイトと違って穴場です。つまり，まだ日本人もあまり登録していないので，大抵の場合ユーザ名はファースト・ネームかファミリー・ネームだけでも大丈夫です。

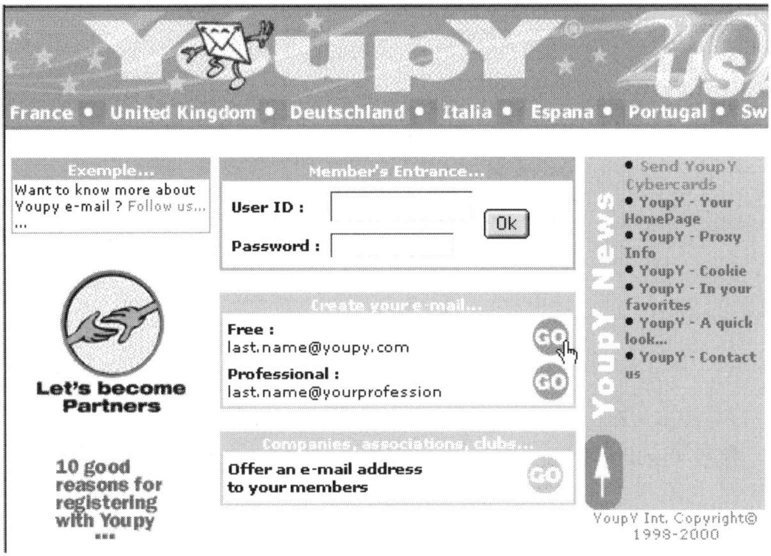

英語の読解力を高めるために，辞書を引きながら “Youpy” の英語のマニュアルを読んで登録してください。しかし，途中で挫折した時のことを考えて，日本語のマニュアル（/~matsuoka/youpy.html）を用意しましたので，必要な方は御利用ください。日本にも無料でアカウントを開設させてくれるサイトがありますが，英語学習のためにできるだけ英語のサイトを利用しましょう。“Youpy” 以外には次のようなサイトがあります。“AltaVista”（http://www.altavista.com/）や “Google”（http://www.google.com/intl/en/）“Yahoo!”（http://www.yahoo.com/）など，有名なサーチ・エンジンもまた電子メール・アカウントを無料で提供しています。

address.com（http://www.address.com/）

BollywoodZ（http://www.bollywoodz.com/）

Care2（http://www.care2.com/）

iName（http://www.iName.com/）

Juno（http://www.juno.com/）

Lycos（http://email.lycos.com/）

MailExcite（http://mailexcite.com/）

MauiMail（http://www.mauimail.com/）

My Own Email（http://www.myownemail.com/）

Net@ddress（http://netaddress.usa.net/）

Oasisweb（http://www.oasisweb.f2s.com/）

Rocketmail（http://www.rocketmail.com/）

Switchboard（http://webmail.switchboard.com/）

ThatWeb（http://www.thatweb.com/）

3　電子メールの英語

ある意味で電子メールは口頭で行なう会話の文字化だと言えます。"([Have] you got) Any suggestions?" のように会話調の簡潔さが好まれ，"(I) Hope this helps." や "(I have) Just received it." のように，一人称の主語や助動詞などがよく省略されます。プライベートな電子メールでは，時候の挨拶や状況の説明はほとんど見られません。その他にも，略語（abbreviation）を使用したり，"emoticon"（emotion + icon）や "smiley" と呼ばれる顔文字で感情を表現したりします。最後の挨拶の言葉も実に簡単なものです。このように，電子メールも簡潔さが進むと，最後は会話または電話で使われる一つの語句となり，「チャット」の世界に限りなく近くなってしまいます。

しかし，対面型コミュニケーションに近い電子メールといえども，手紙であることに変わりはありません。従って，英語のスタイル（文体）もまた，相手との関係の親疎によって異なってきます。ここで，フォーマルな電子メールとインフォーマルな電子メールの一般的な例を挙げ，比較してみましょう。

フォーマルな電子メールの例

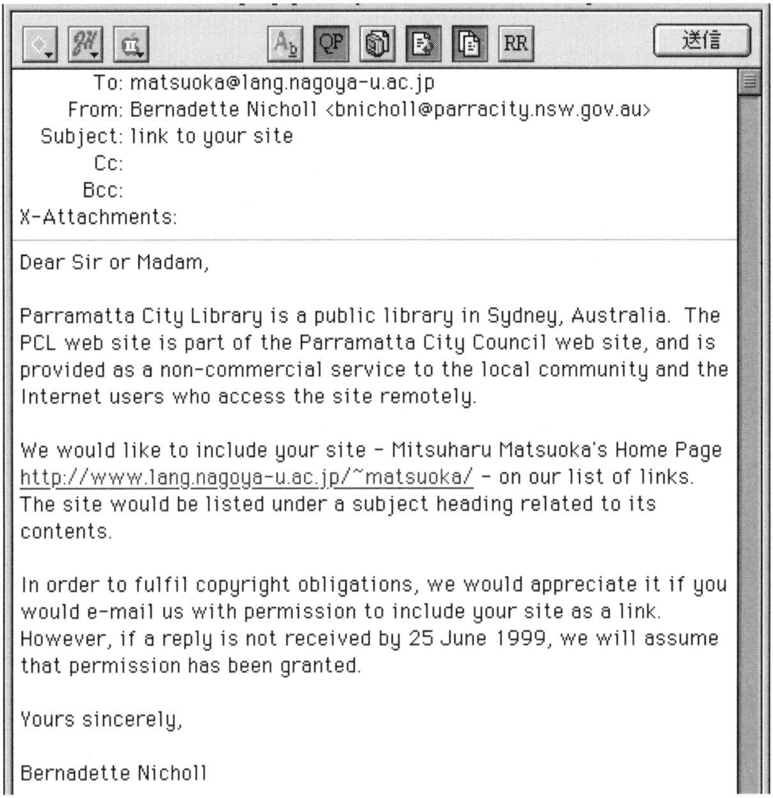

送信

To: matsuoka@lang.nagoya-u.ac.jp
From: Bernadette Nicholl <bnicholl@parracity.nsw.gov.au>
Subject: link to your site
Cc:
Bcc:
X-Attachments:

Dear Sir or Madam,

Parramatta City Library is a public library in Sydney, Australia. The PCL web site is part of the Parramatta City Council web site, and is provided as a non-commercial service to the local community and the Internet users who access the site remotely.

We would like to include your site - Mitsuharu Matsuoka's Home Page http://www.lang.nagoya-u.ac.jp/~matsuoka/ - on our list of links. The site would be listed under a subject heading related to its contents.

In order to fulfil copyright obligations, we would appreciate it if you would e-mail us with permission to include your site as a link. However, if a reply is not received by 25 June 1999, we will assume that permission has been granted.

Yours sincerely,

Bernadette Nicholl

冒頭の敬辞はフェミニストなどから抗議を受けないために “Dear Sir” は避けましょう。自分から “Mrs. ***” と書いてきた相手以外の女性には，“Mrs. ***” もやめて，“Ms. ***” にすべきです。まったく面識のない人が相手で性別も区別できない場合は，“Dear Sir or Madam”, “Dear Sir/Madam”, “Dear Sirs and/or Madams” などが無難です。逆に，親しくなった電子メールの相手に対し，いつまでも敬称をつけていると，かえって失礼となりますので，そこは臨機応変に対処してください。

電子メールでは行間が狭くなるのが普通ですので，読みやすくするために段落ごとに空白行を入れます。その代わり，新しい段落は左端をそろえたフルブロック型のレイアウトにして，一定の字数を引っ込めること（インデント）はしません。

「敬具」に相当する最後の “Yours sincerely” は，普通の手紙と同じように，相手との親疎の度合いで添える副詞が変わってきます。親友の間では “Yours” だけ，あるいは “Yours ever/always” などがあります。また，相手の幸福を祈る気持ちを表わして，“With best wishes” や “With kind(est) regards” がよく使われます。フォーマルな電子メールでも，例えばビジネス用であれば，相手が得意先か，同業者か，下請けかで，書き方もかなり違ってくるはずです。電子メールの英語は会話感覚ですが，忘れてならないのはこれが電話であれば相手に対してどういうふうに話すかということです。

インフォーマルな電子メールの例

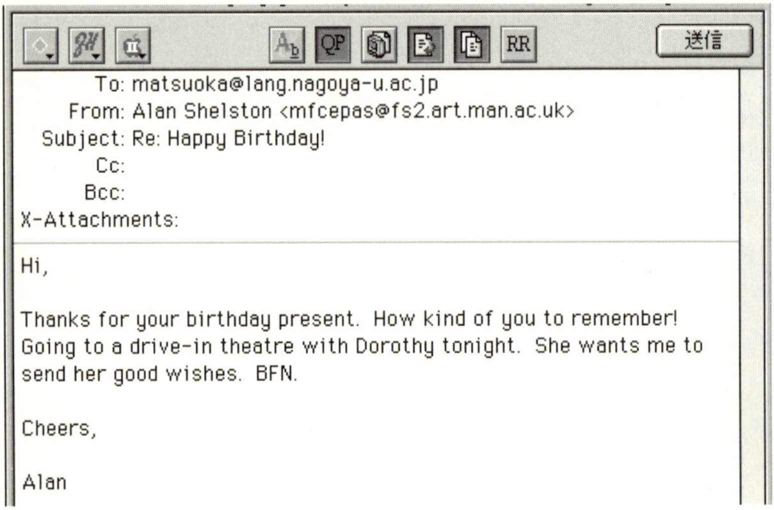

To: matsuoka@lang.nagoya-u.ac.jp
From: Alan Shelston <mfcepas@fs2.art.man.ac.uk>
Subject: Re: Happy Birthday!
Cc:
Bcc:
X-Attachments:

Hi,

Thanks for your birthday present. How kind of you to remember! Going to a drive-in theatre with Dorothy tonight. She wants me to send her good wishes. BFN.

Cheers,

Alan

ファースト・ネームで呼び合う相手には，“Hi, Mary” や “Hello, there” などを使っても構いませんし，このような冒頭の敬辞は省略して，いきなり書き出しても失礼ではありません。

電子メールの返事は多くの場合，冒頭の敬辞に続いて，“Thank you/Thanks

for. . .” で始まることが多いようです。

結びの箇所には，簡単に “Thanks” または「ではまた／さよなら」の意で，“Bye”, “See you”, “Cheers” などをよく見かけます。

相手は懇意な間柄ですから，最後の署名はファースト・ネームだけでいいでしょう。電子メールに設定された自動署名の機能は使わない方が，インフォーマルな電子メールらしくて，よいかもしれません。

“BTW”（By the way）や “BFN”（Bye for now）など，電子メールやチャットでは，簡潔さのために略語がしばしば使われます。例としては次のようなものがあります。

AFAIK: As Far As I Know

ASAP: As Soon As Possible

BTW: By The Way

FYI: For Your Information

HHOK: Ha Ha Only Kidding

HTH: Hope this Helps!

IMHO: In My Humble Opinion

IOW: In Other Words

LOL: Laughing Out Loud

MYOB: Mind Your Own Business

OTOH: On The Other Hand

ROTFL: Rolling On The Floor Laughing!

TTBOMK: To The Best Of My Knowledge

WDYMBT: What Do You Mean By That?

WRT: With Regard To

また，電子メールやチャットでは，感情を効果的に表わすために ASCII（American Standard Code for Information Interchange）文字を組み合わせて人の表情に似せた，いわゆる顔文字がしばしば使われます。代表的なものは，笑顔の　:-)　と渋面の　:-(　ですが，横書きの文化と縦書きの文化の違いか，「右側を下にして見る」と言われないと，初めての日本人には理解できないようです。しかし，言語によらない感情表現は日本人の方が数段すぐれているようで，そのことは「顔文字図書館」(http://www.kaomoji.com/kao/text/) を見れば，すぐに納得がいきます。以下，有名なものを列挙しておきます。くどいようですが，下を左にして見る洋書売り場とは逆で，右を下にして見ます。

:-)　I am happy.

:-(　I am sad.

:-o　I am surprised.

:-|　I am nervous.

:*)　I am drunk.

:-D　That's funny.

:->　Irony

;-)　Winking

>:-)　A devil with a grin

<:-)　Wearing a dunce's cap; for those stupid questions.

ただし，顔文字の使用は親しい相手だけにしましょう。日本人とはユーモアの感覚が違うので，思わぬ誤解を受けることがあります。例えば，"Irony" の顔文字を単なる微笑のつもりで使ったりすると，その顔文字を見ただけで馬鹿にされたと思い，感情的になる人がいるかもしれません。

電子メールはまだ文字が主流であるために，相手を納得させようとすると，細かなニュアンスや感情のひだが伝わりにくく，ちょっとした言葉のあやがもとで，壮絶な「ののしりあい (flaming)」に発展してしまいます。二人の間だけならばまだしも，メーリング・リストでフレーミングが展開されると，燎原の火のように広がっていき，リストの主宰者に多大の迷惑をかけるだけでなく，自分自身が否定的な烙印を押されかねません。英語でフレーミングができれば大したものですが，自分はまったく悪気がないのに，拙い英語が原因で相手を怒らせる危険性は大いにあります。「電子メールは会話調でインフォーマルにやる」という一般的傾向がありますが，フォーマルな書き方で悪いわけではないのですから，リストの性格が分かるまではフォーマルな書き方をした方が無難でしょう。

4　電子メールによる質問

語学としての英語を含め，英語圏の社会や文化に関して疑問がある場合，電子メールはその即時性ゆえに特に効果を発揮します。では，誰に質問すればいいのでしょうか。この場合，その道のプロが提供するホームページにアクセスし，ページ担当者にフォーマルな電子メールを出すのが一番です。ホームページの検索は，世界中のウェッブ・サイトを拾っているロボット型サーチ・エンジンの "AltaVista" や "Google"，あるいは検索だけでなくディレクトリを持つ有名な "Yahoo!" から出発すれば，少なくとも何かを見つけることができます。関連するページには，大抵 "Feedback" とか "Comments" とかいう文字，あるいは青色で表示される関係者の電子メール・アドレスがありますので，それをクリックして電子メールを出してみましょう。

ほとんどの場合，それらをクリックすると電子メールのウィンドウが開きます。WWW ブラウザのメール機能を使う時は，普通は前もって自分の電子メール・アカウントの設定をしておかねばなりません。共有の端末を使う場合もまた設定が必要ですが，大学などの端末はログインする時に自動設定されることがあります。設定されていない（つまりメールが送れない）場合，メールのウィンドウが開いた状態で，「編集」メニューから「設定」を選び，「個人情報」や「メール・サーバ」などを設定してください。サーバ名は自分の電子メール・アドレスの @（アット・マーク）の後ろ（ドメイン名）です。次の例は "Netscape Communicator" ですが，"Internet Explorer" の場合は，「編集」メニューから「初期設定」を選び，「電子メール」の「全般」をクリックして必要事項を書き込んでください。

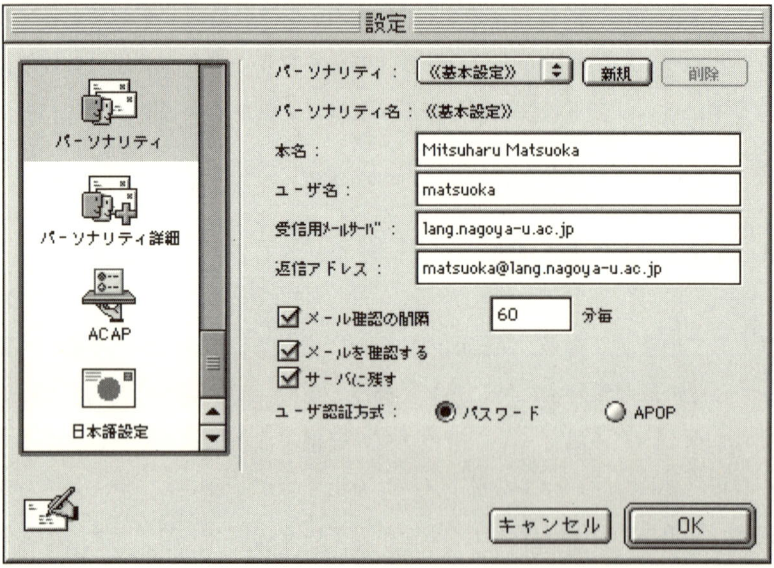

質問する相手は知らない人ですし，忙しい時に邪魔をするわけですから，もちろんインフォーマルな書き方ではいけません。どうして質問するのか，その理由も含めて，ある程度の長さの文面を丁寧に書く必要があります。コメントをもらうのが目的なのですから，断じて相手を不愉快な気持ちにさせてはいけません。丁寧な文面は時間がかかって，電子メールを使う価値がないようですが，同じ文面を多くの専門家に使うこと（その方が質問の答えを得る可能性は高くなります）を考えると，それだけの価値はあるはずです。このように電子メールが非常に役に立って，ありがたいと思うのは，自分の学習や仕事において抱いた疑問を，その道の専門家に投げかけて，答えやヒントを得た時ではないでしょうか。

ここでは，アメリカ左翼の理論的指導者で，のちにソビエト共産主義を痛烈に批判した Max Forrester Eastman（1883-1969）に関心を持ち，そのように彼の態度が変わった理由を知りたくなった（あるいは，その理由を調べなければならなくなった）と仮定してみましょう。“AltaVista” で検索してみると，幾つかのサイトがリストアップされ，その中で “MAX EASTMAN: THE LIFE OF THE CENTURY” が一番よさそうだと分かります。ページの中に電子メール・アドレスがあるので，それをクリックして次のような電子メールを出してみることにします。

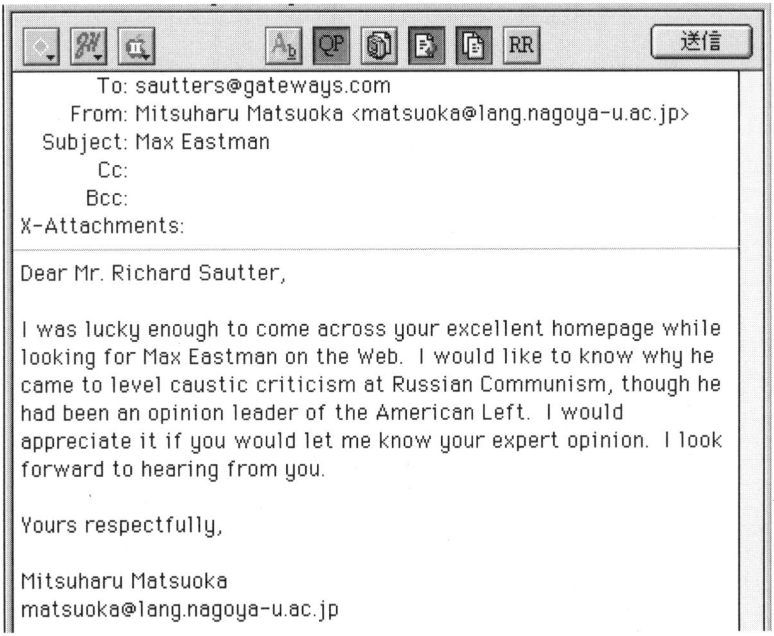
送信

To: sautters@gateways.com
From: Mitsuharu Matsuoka <matsuoka@lang.nagoya-u.ac.jp>
Subject: Max Eastman
Cc:
Bcc:
X-Attachments:

Dear Mr. Richard Sautter,

I was lucky enough to come across your excellent homepage while looking for Max Eastman on the Web. I would like to know why he came to level caustic criticism at Russian Communism, though he had been an opinion leader of the American Left. I would appreciate it if you would let me know your expert opinion. I look forward to hearing from you.

Yours respectfully,

Mitsuharu Matsuoka
matsuoka@lang.nagoya-u.ac.jp

質問する相手の探し方は，サーチ・エンジンでの検索が簡単ですが，質問と最も関係のある分野のメーリング・リストであれば，その関係の度合いによっては，かなり多くの，そしてかなり専門的な答えを得る可能性があります。姑息な手段で気が引けますが，質問だけのために臨時でリストに登録（subscribe）し，コメントを得たあとすぐに脱会しても構いません。メーリング・リストについては次の第５節を御覧ください。

5 メーリング・リストの利用と開設

その昔，あるラジオ講座の先生が「継続は力なり」と言っておられましたが，このことはもちろん英語学習にも当てはまります。大学生であれ社会人であれ，英語学習を少しの時間でもいいから毎日持続させるためには，自分に最も関心があるトピックを扱った英語のメーリング・リストに加入するのが一番よいと思います。毎朝コンピュータに向かってインターネットに接続した時，自分のメール・ボックスをチェックするのが何よりも楽しみになれば，しめたものです。そうなるには，リストの会員のメールを受動的に読むだけでなく，会員の反応を引き出すことができるような投稿を自らできる，そういう自信が持てるトピックのリストを探し出す必要があります。

ウェッブ上にはメーリング・リストを検索できるサイトが幾つかありますので，実際に探してみましょう。最初に挙げた“Liszt”では，枝分かれしたディレクトリから探すことができます。

Liszt（http://www.liszt.com/）
TILE.NET/LISTS（http://tile.net/lists/）
Search The List of Lists（http://catalog.com/vivian/interest-group-search.html）
listTool.com（http://www.listtool.com/）
EMail Discussion Groups and Lists（http://www.webcom.com/impulse/list.html）
Yahoo!（http://dir.yahoo.com/Computers_and_Internet/Internet/Mailing_Lists/）

あるいは，有名なサーチ・エンジンでトピックを絞って検索してもよいでしょう。例えば，サッカーのファンでイングランド・プレミアリーグの人気チーム Manchester United に関心があるとすれば，“Manchester United Mailing List” を打ち込んで検索すれば，目的のサイトへ直接アクセスできます。

実際問題として，海外にある英語のメーリング・リストへ登録し，単独でメールのやりとりをすることは，双方の英語力のレベルが違うので，かなり難しいかもしれません。しかし，ハイスクールやK—12（幼稚園から小学校6年）用のリストがありますし，ウェッブ上には“World Kids Network”（http://www.worldkids.net/welcome.htm）といった子供による子供のためのホームページがあり，そこでリストが幾つか運営されていますので，そちらの方に参加するのも悪くありません。

自分の関心のある，そして投稿する自信のあるメーリング・リストが見つからない場合，自分でメーリング・リストを作ることができます。もちろん無料です。そうしたサービスを提供してくれるサイトがウェッブ上に幾つかありますので，積極的に利用してください。主として海外の人を対象に個人でメーリング・リストを開設する場合，日本のこと（特に日本独特の，あるいは日本がリードする文化，例えば，相撲，活け花，折り紙，寿司，柔道，アニメ，カラオケなど）に関心のある人たちを視野に入れたものにすべきです。自分がリストの主宰者になるわけですから，自分が最も得意とするトピックでなければなりません。開設と同時に，先ほどのメーリング・リストの検索サイトに登録すれば，または開設したリストの趣旨や登録の方法などを掲載したホームページを，“AltaVista”（http://www.altavista.com/cgi-bin/query?pg=addurl）や“Google”（http://www.google.com/addurl.html）に登録すれば，リストの会員はどんどん増えていくはずです。

無料でメーリング・リストを開設させてくれるサイトとしては，次のようなものがあります。

ListBot（http://www.listbot.com/）
eGroups（http://www.egroups.com/）
VP Mail（http://www.list.to/）
DNS（http://www.dns-ml.co.jp/）
FreeML（http://www.ml.nnf.ne.jp/）
TAM Internet（http://ml.tam.ne.jp/）

人気が高いのは2番目の“eGroups”です。ここでは最初の“ListBot”を例にして，リスト開設の手順を図解してみます。図解は私のサイト（/~matsuoka/kokai/ml-register.html）にありますので，関心のある方は御利用ください。

6　電子メール・ペンパル

若い人にとって，海外の同世代の人と友だちになることは，貴重な体験であると同時に，何ものにも代えられない精神的な財産となります。電子メールの登場で金も時間もかからなくなった現在，英語学習のためだけではなく，自分の視野を広げるためにも，ぜひ電子メールのペンパルを作りたいものです。メーリング・リストの中で見つけた同じ関心を持つ同世代の人であれば，リストを離れたところで親密なメールのやりとりができるはずです。

たとえリストの中で適当な人が見つからなくても，ウェッブ上には無料でペンパルを紹介してくれるサイトが数多くあります。自分の情報をデータベースの中に入れてもらうためには，まず登録する必要があります。“Pen Pal World!”（http://www.angelfire.com/az2/jenniespage/）は，申請のページにコメントを書き加えるだけで，情報がすぐに一覧表に掲示されるので，あとはメールが来るのを待つだけです。“e-pal connection”（http://www.buy4fun.com/epal/）をはじめ，そうしたページは枚挙にいとまがありません。

本腰を入れて探すための出発点としては，60以上のペンパル紹介のサイトを集めた“The Pen-Pal Center”（http://www.bplace.com/penpal.htm）があります。英語学習のためには英語圏の人がよいに越したことはありませんが，その場合は両者の英語力の差を相殺させるために，日本に関心を持っている人を見つける必要があります。日本の大学生と日本に関心のある英語圏の学生がペンパルになるのを助ける私の電子掲示板（http://www.InsideTheWeb.com/mbs.cgi/mb1079893/）もまた便利です。

自分の英語力を考えて，劣等感を抱かずに，ただ英語学習のためだけに，電子メールのやりとりをしたい人にとっては，年令制限を12—15位にするか，

年齢層の低い “Pen-pal Box”（http://www.ks-connection.org/penpal/penpal.html）で探すのも一つの方法です。以下のサイトは電子メールのペンパルを紹介するページのリンク集です。

Friends Through Writing（http://www.geocities.com/ftwpals/）
Good Penpal Page（http://amifriend.virtualave.net/penpal/eindex.htm）
Pen Pals Directory（http://www.handilinks.com/index.php3/Society/People/Pen_Pals/）
Karen's Koncepts Penpal Site（http://www.netmegs.com/koncepts/penpal.htm）
Kristie's Penpal Page（http://www.angelfire.com/hi/teenagepenpals/links.html）
Penpal Garden（http://www.penpalgarden.com/links.html）
Penpal Site Review（http://epals.hypermart.net/loverev/directory/000.htm）
PicpalsTV（http://penpaltv.virtualave.net/）

7　チャットの活用

英語の4技能の中で，スピーキングはインターネットから得られる成果が最も少ない，インターネットとはまったく関係がないように思えます。電子メールが口語的表現を多用するとはいえ，残念ながら対面型コミュニケーション特有のリアリティを得るには物足りませんし，その会話的な利用価値もまた，最初に紹介しましたように，頻繁に使われる表現をコピー＆ペーストしたファイル(/~matsuoka/English.html）を見ながら覚える点にしか見出せないでしょう。

しかし，「チャット」は体験すれば即座に理解できるように，まるで私たちを井戸端会議の場にでもいるかのような気にさせてくれます。自分の関心のあるチャット・ルームに入ると，その部屋の大きさによっては様々な国籍からなる数十人から数百人が，「おしゃべり」をしている現場に直面します。ここでなされる会話は，２～３人の会話というよりは，大勢のテレビ討論会のように実にかまびすしいものです。参加者たちはたった一語から長くてもワン・センテンスしか話しません。もっとも，「話す」といっても実際には英語を「書く」

わけですから，その意味では短い電子メールと同じです。

チャットで使われる表現は，次々と流れて来る会話の中に割って入るために，省略や略語に満ちています。例えば，少しでもキーボードを打つ時間を節約するために，小文字だけを使用したり，“before”の代りに“be4”と表記したり，「わっはっは！」の感情を“LOL”（Laughing Out Loud）で示したりします。百聞は一見にしかず，とにかく一度チャット・ルームに入ってみましょう。

チャットで最もポピュラーなのがIRC（Internet Relay Chat）で，ここでは世界中の数万人ものユーザが，毎日いろいろな話題に関して会話をしています。私の大学の学生たちにはIRCが特に好評です。チャットにタイミングよく自分の言葉を入れるのは結構むずかしいのですが，うまく入った時は非常に感激しています。これが英語でなされるチャットであれば，インターネットで会話力を養う大きな手助けとなるはずです。サーチ・エンジンの世界的権威である“Yahoo!”（ちなみにヤフーとは『ガリヴァー旅行記』に登場する人間の形をした野獣のことです）が提供するチャット（http://chat.yahoo.com/）は有名で，最初に“Sign Up For Yahoo! Chat!”をクリックして登録をすれば，次回からは自分の登録した“Yahoo! ID”と“Password”とでログイン（“Sign in”）でき，好きなトピックのチャットに参加することができます。

次の例は“Parenting—The hardest job in the world is being a parent.”という名前のチャット・ルームです。部屋に入った人は，礼儀として一番下の“Chat:”以下のウィンドウに“joined the room.”と書いて，“Send”のボタンを押します。すると，すぐに自分の名前が表示され，チャットに参加したことが分かります。

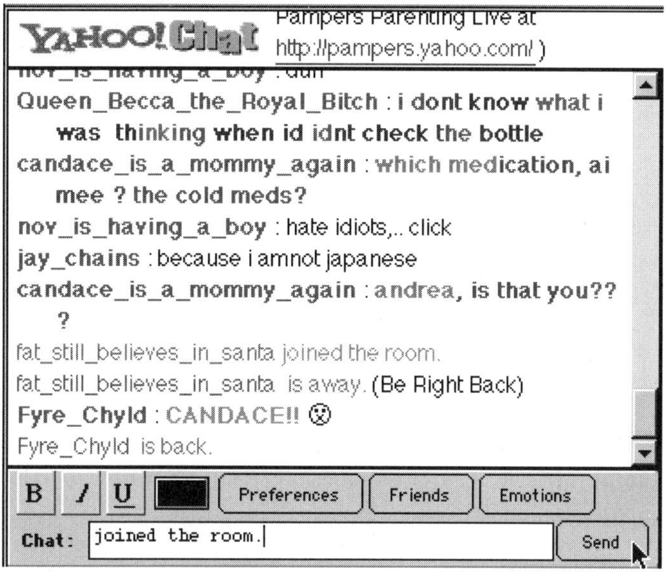

最後に部屋を出る時は，また礼儀として “left the room.” と書くことになっています。とにかく，いきいきした会話表現が矢継ぎ早に飛び込んで来ます。関心があるチャットであれば，受動的に読んでいるだけでも，自然と口語表現が身について行くような気がします。ただし，普通の電子メールのように相手が待ってくれるわけではないので，最初は会話の流れに乗るのに戸惑うかもしれません。しかし，瞬間的な反応が要求されるからこそ，極端に短い電子メールの形態をとるチャットが，インターネットの中でも最もスピーキングに役立つと言えるでしょう。

8　メッセージ・ボードの利用と開設

最近ウェッブ上ではよく BBS（Bulletin Board System）を使った電子掲示板を目にします。アクセスした人にコメントを書いてもらうフォーム形式のページです。フォーム自体が電子メールのウィンドウに似ているので，電子メールを送るような感覚になります。違いは自分の投稿や他人のコメントが当事者以外の人にも読まれることを前提にしている点です。つまり，電子掲示板では送信ボタンを押すことで，そのままそのページにコメントが順番に（あるいはリンクの形で）表示され，コメントした人やページの所有者だけでなく，あとからアクセスした人も読むことができるわけです。例としては，イギリスの作家ディケンズに関するメッセージ・ボード（/~matsuoka/cgi-bin/bbs-dickens/bbs-dickens-board.cgi）を御覧ください。

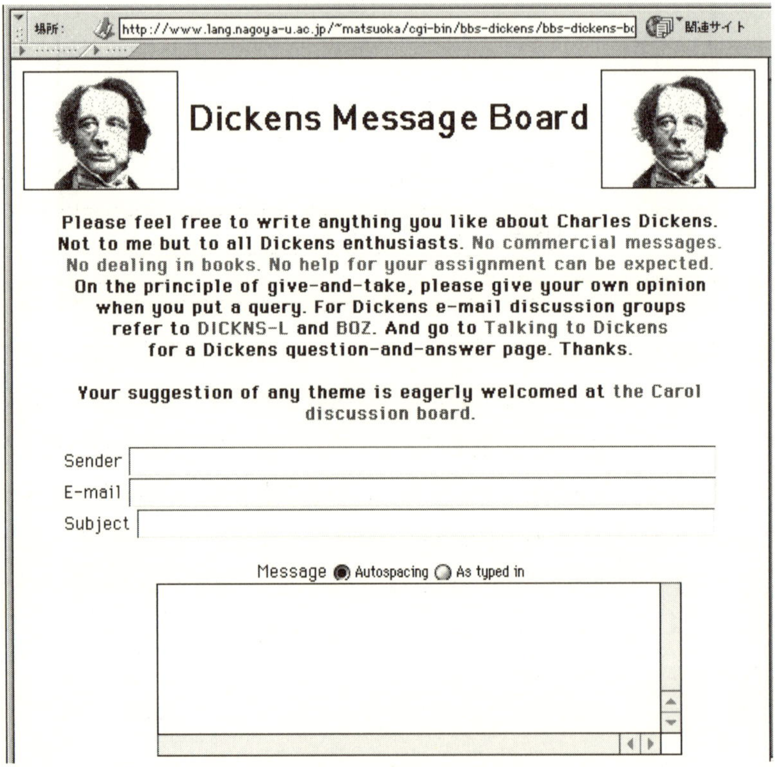

電子掲示板は，ウェッブ上でブラウザからのリクエストに対してサーバが別のプログラムを起動して，その結果をブラウザに返すという動作のために，CGI（Common Gateway Interface）プログラムが必要となります。これは契約したプロバイダーが提供してくれるはずです。利用できなくても，ありがたいことに無料で（ということは広告つきで）電子掲示板を提供してくれるサイトが，ウ

ェッブ上に幾つかあります。自分が主宰者となって，関心のあるテーマの電子掲示板をウェッブ上に置けば，メーリング・リストと同じように，責任を持ってボードを運営せざるを得なくなりますし，たとえ最初は拙い英語であっても，質問に答えるような形で自然と英語を書く力が身についてくるはずです。

電子掲示板の表示の仕方は二通りあって，一つ（Condensed BBS）は各自の投稿のタイトルが一覧表で並び，読みたい投稿をクリックして読むことができる形式の電子掲示板です。例えば，“Cool Online”（http://asia.cool.ne.jp/）がありますが，関心のある方はこのサイトの“Register Now!”をクリックして申請してください。このサイトは日本にあるのでブラウザの反応が速いはずです。

もう一つ（Expanded BBS）は，各自の投稿がすべて表示される電子掲示板で，先ほどの“Dickens Message Board”をはじめ，大多数の電子掲示板はこの形式です。無料のサイトとしては，例えば“Inside the Web”（http://www.InsideTheWeb.com/）がありますが，このサイトを利用した登録の仕方については，「“Inside the Web”でメッセージ・ボードを開設する」（/~matsuoka/kokai/bbs-register.html）を御覧ください。“Inside the Web”では各自の関心に応じて他の様々な電子掲示板を開拓できますが，自分で電子掲示板を開設する場合は，メーリング・リストの時と同じように，自分の関心が高くて海外の人がよく知らない（が知りたく思っているような）日本に関するトピックがよいことは言うまでもありません。

9　英語版ホームページの開設

受信型の学習（リーディングとリスニング）から発信型の学習（ライティングとスピーキング）への方向転換の必要性は，戦後50年以上ずっと英語教育の場で叫ばれてきたことですが，インターネットの世界へ突入した現在こそ，簡単にできるようになった情報の発信（とりわけ海外に向けての発信）を本格的に始めるチャンスです。これは英語学習の強いモーティベーションになるはずです。私の英語のクラスでは，全員に英語のホームページを開設させ，そこで自己紹介だけでなく，様々な英語の課題を公表させています。

インターネットでは電子メールとウェッブが車の両輪ですが，それを英語学習に利用する際には，受動的に読んでいるばかりでは効果も半減します。実際に英語の電子メールを書き，実際に英語のホームページを作成する必要があります。海外の人に英語で情報を伝達することの意義に気がつけば，英語学習は自然と続いていくことでしょう。そして，ホームページを見た人から届いた電子メールを読むことができれば，それが実際の対面型コミュニケーションでなくても，異文化の人と実際に交流することができたことを実感できるはずです。ぜひとも英語版ホームページを作成してください。本当に簡単なのです，ホームページの作成は！日本語版については，「簡略版ホームページの作り方」（~/matuoka/beginner.html）を御覧ください。

ウェッブ上には無料でホームページを開設させてくれるサイトが幾つもあります。ホームページにアクセスした時に，そのサイトの広告を見なければならないのが難点ですが，無料で利用するためには仕方ありません。そうしたサイトは日本にもありますが，ここではアメリカの有名な“Yahoo! GeoCities”（http://geocities.yahoo.com/home/）を利用することにします。

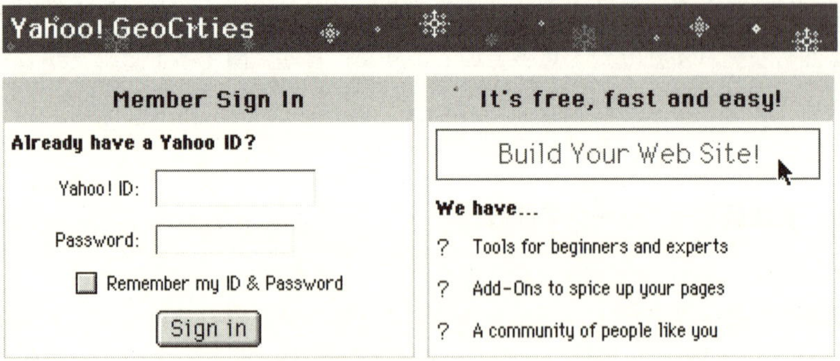

ここで，画面上の“Build Your Web Site!”をクリックして，“Yahoo! GeoCities”でホームページを作成するための登録をするわけですが，できれば実際に英語の説明を読みながら登録してください。どうしても分からない人は，図解入りの日本語のマニュアル（/~matsuoka/kokai/homepage.html）を準備しましたので，

御利用ください。

このウェッブ版の日本語のマニュアルを見ながら，同時に“Yahoo! GeoCities”の登録ページへアクセスするには，もう一つブラウザを開く必要があります。“Internet Explorer”の場合，ブラウザの「ファイル」メニューから「新しいウィンドウ」を選べば（“Netscape Communicator”の場合は，「ファイル」メニューから「新規作成」を選んで，「Navigator」へ行けば）新しいウィンドウが開くので，そのウィンドウに登録ページのアドレスを打ち込んでください。あとは，二つのウィンドウを交互に見ながら，登録の作業を行なうだけです。

無料で英語のホームページを開設させてくれるサイトとしては，他にも次のようなものがあります。

50Megs.com（http://home.50megs.com/）
A2Z Solutions（http://members.a2zsol.com/）
Angelfire（http://www.angelfire.com/）
FortuneCity（http://www.fortunecity.com/）
FreeMerchant.com（http://www.freemerchant.com/）
Freeservers.com（http://www.freeservers.com/）
Freetown（http://www.freetown.com/）
FreeYellow（http://www.freeyellow.com/）
Hypermart（http://www.hypermart.net/）
Tripod（http://www.tripod.com/）
Usfaz（http://www.usfaz.com/）
WebJump（http://www.webjump.com/）
Webspawner（http://www.webspawner.com/）

10　おわりに

英語に限らず，勉強は自分のためだけでなく，社会に役立つ人間になるためにするものです。自分は社会や周囲の人の役に立っているのだ，必要とされているのだという意識ほど，その人に幸せをもたらすものはありません。ボランティアでホームページを作っている人の精神的な支えもそこにあります。どんな人でも得意の分野があり，その方面では必ず何らかの貢献ができるはずです。とはいえ，社会奉仕という高邁な目標に向って努力するのは，非常に苦しいものです。英語に関しても，あるレベルに達するまでは，自分のために勉強するという意識しか持てないのが実情でしょう。いずれにせよ，苦しい勉強を継続させるには，最初に言いましたように，強力なモーティベーションが必要です。外国人と流暢に話したい，留学したい，その他いろいろな英語学習の動機があるでしょう。それは，不況の昨今，就職に有利になるように，検定試験で高いスコアを取りたいといった現実的な動機でも，外国の美しい，あるいはハンサムな人と結婚したいといった不純な動機でも，構わないと思います。とにかく，モーティベーションのない英語学習は身につきません。

ここで最後にもう一度だけ訴えたいのは，学生であれ社会人であれ，大学合格という強力なモーティベーションに代わるものを見出す必要があるということです。実際，少子化によって大学合格の価値が薄れ，また入学と卒業の基準の変化によって，英語学習や英語教育のあり方自体が近い将来，大きく様変わりすると思われます。そのような中，インターネットを通して簡単に海外の人とコミュニケーションできるようになったことは，従来の英語学習や英語教育を変える大きな転機になることでしょう。特に，電子メールは自分で書くという能動的な側面が強く，受動的なネット・サーフィンでは得られない興奮が伴います。自分自身の考えを，とりわけ独創的な新しい考えを，多くの人に知ってもらうことは，コミュニケーションの原点であり，そして醍醐味です。その意味で，メーリング・リストへの真面目な投稿は，メンバーが多ければ多いほど反応も多く，それに応じて大きな興奮を得ることができます。時には大きな後悔や大きな失望を味わうかもしれませんが，それもまた異文化コミュニケーションの大きな経験となり，自分の将来にきっと役立つはずです。

しかしながら，英語の電子メールによる情報発信は受信者が限定されます。従って，電子メールで海外へ情報発信することに少し慣れた段階で，今度は不特定多数のアクセスを狙って英語のホームページを開設することには，大きな意義があります。たとえ拙い英語であっても，真面目なページであれば，そこに異文化の人は何かを発見してくれるものです。私自身，数多くのウェッブ・サイトを作成しましたが，自分では二足三文のページだと思っていても，時として予期せぬところに着眼して，電子メールをくれる人がいます。人それぞれ視点が違うのは当たり前ですが，異文化であればそれだけ視点が違う可能性が高いのです。異文化コミュニケーションの最大の利点は，そうした視点の違いを実感させてくれることではないでしょうか。こういったことを容易に実感させてくれるようになったのがインターネットなのです。

注

PDF（Portable Document Format）とはデジタル書類によるコミュニケーションを実現するために開発されたファイル形式のことで，書類に含まれるあらゆる内容（文字，画像，レイアウト情報など）が，“Adobe Acrobat Reader” という無料ソフトを使用することで，表示・出力できる電子文書配布用のデータ形式です。データがPDFになっていれば，使用しているOSに関係なく，そのデータを作成した通りの体裁で見ることができるわけです。私の専門は英国ヴィクトリア朝の小説ですが，ボランティアでディケンズ・フェロウシップ日本支部のホームページ（http://wwwsoc.nacsis.ac.jp/dickens/）を担当しており，そこではできるだけ多くの会員の論文をPDFに変換して，ウェッブ上に公開しています。

しかし，ファイルをPDFに変換するためには，“Adobe Acrobat”（二万円ほど）を購入する必要があります。このソフトがあれば，自分のコンピュータで作成したファイルをプリント・アウトするような感覚で，簡単に電子化することができますし，文字化けさせることなく電子メールに添付して送ることができます。“Acrobat Reader” を持っている方は，例として次の英語の論文（/~matsuoka/cd-matsuoka-2.pdf）を御覧ください。一見，画像ファイルのように見えますが，コピーも検索もできます。

PDF は単にオリジナルのレイアウトを再現できるだけでなく，マルチメディア対応の機能を付け加えることが可能です。その一つはハイパーリンクという機能で，これはページ上に任意のエリアを指定し，そのエリアをクリックすると他のページ，あるいはウェッブ上のサイトなどへ移動することができる機能です。次の日本語の論文（/~matsuoka/cd-matsuoka-1.pdf）では，画面左の細長いウィンドウに「しおり」がありますが，これはいわゆる目次で，項目の一つ一つにリンクが設定してあるので，その項目をクリックすると目的のページ

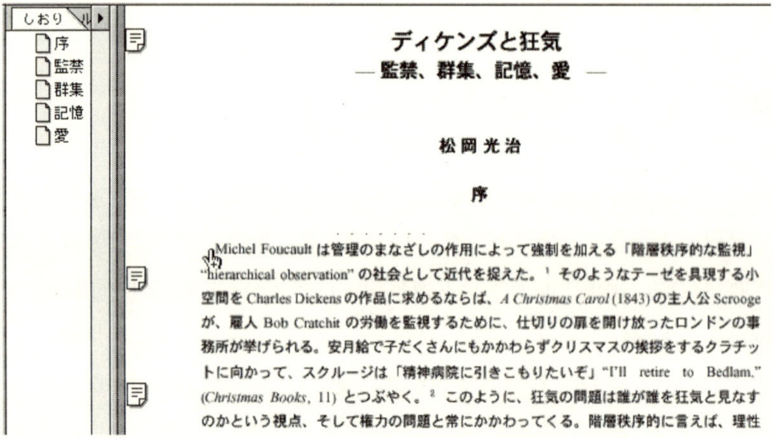

が表示されます。また，論文の最初の “Michel Foucault” をクリックすると，Bernardo Attias 氏製作の “The World of Michel Foucault” というウェッブ・サイトへ行くので，関心のある人は論文を離れてフーコーについて詳しく調べることができます。更に，論文の左端には幾つか文書のアイコンが並んでいますが，このようにPDF にはコメントなどを書き加えることができるノートの機能もあります。

自分が書いた英文をウェッブ上で公開したい時は，それをHTMLに変換しなければなりません。ワープロ・ソフト（WORD 98など）の中には簡単にHTMLで保存できるものもありますが，希望どおりのレイアウトにするためには，やはり時間をかけてHTMLに変換する必要があります。しかし，レイアウトをそのまま表示できるPDFへの変換であれば10秒もかかりません。ぜひとも自分の英語のホームページを開設し，そこで自分の情報ファイルをPDFに変換して公開してください。

* 本章については，私のホームページの中に図解とリンクつきの完全版（/~matsuoka/kokai/）があります。また，「英語学習に役立つWWWサイト」（/~matsuoka/useful.html）もありますので，御利用いただければ幸いです。

インターネットを使ったリスニング

長畑　明利

1. はじめに

21世紀を迎えた今，英語のリスニング能力を高める環境はかつてとは比べものにならないほど良好になっています。テレビでは2ヶ国語放送が利用できますし，衛星放送を利用すれば，CNN，BBCをはじめとする英語放送を見ることもできます。ラジオの短波放送を用いる，映画を見に行く，さもなければ市販の教材を購入するぐらいしか英語を聴く手段がなかった時代から見ると（地域によっては米軍放送を聴くこともできましたが），まさに隔世の感があります。かつて中学生だった頃，フォノシートなるものに録音された英語の音声を聴きましたが，録音状態が悪かったのか，再生装置が劣悪だったのか，[f] の音がすべて [s] の音に聞こえた記憶があります。録音状態も再生装置の性能も格段に良くなった現在では考えられないことでしょう。

1990年代の後半以来爆発的な発展を遂げているインターネットは，こうした英語学習のための環境をさらに高めていると言えるでしょう。オンライン化された新聞や雑誌を無料で読むことができるようになったことは言うまでもありませんが，最近はハードウェアの性能が高まったこともあり，インターネット上の動画ファイルや音声ファイルをオフィスや家庭のパソコンで利用することも容易になってきました。英語圏のマスメディアが競うようにしてウェッブ・サイトを設置し，マルチメディア形式で自社の番組を一般に公開している今，インターネットを利用してリスニングの練習をすることも可能になりつつある状況です。この章では，リスニングの練習として使えそうなインターネット上の音声ファイルをいくつか紹介し，実際にそれらを利用する方法を簡単にまとめます。

2. インターネット上の音声ファイルを聴くための準備

インターネット上の音声ファイルを聴くためには，まず自分のパソコンにその音声ファイルを聴くためのソフトウェアがインストールされていなければなりません。インターネット上に置かれている音声ファイルの多くは RealPlayer という会社が開発したソフトウェアを利用して聴くことができます。ここではフリーウェア（無料で利用できるソフトウェア）である RealPlayer 7 Basic を使います。

RealPlayer をインストールするには，インターネット上で RealPlayer のホームページ（http://www.real.com/）を開き，Top Free Downloads と書かれた箇所にある Free RealPlayer 7 をクリックします。

開かれたページに小さく RealPlayer 7 Basic is our free player. と書かれた箇所がありますので，ここをクリックして下さい。

すると次のような申込用紙が画面上に現れます。

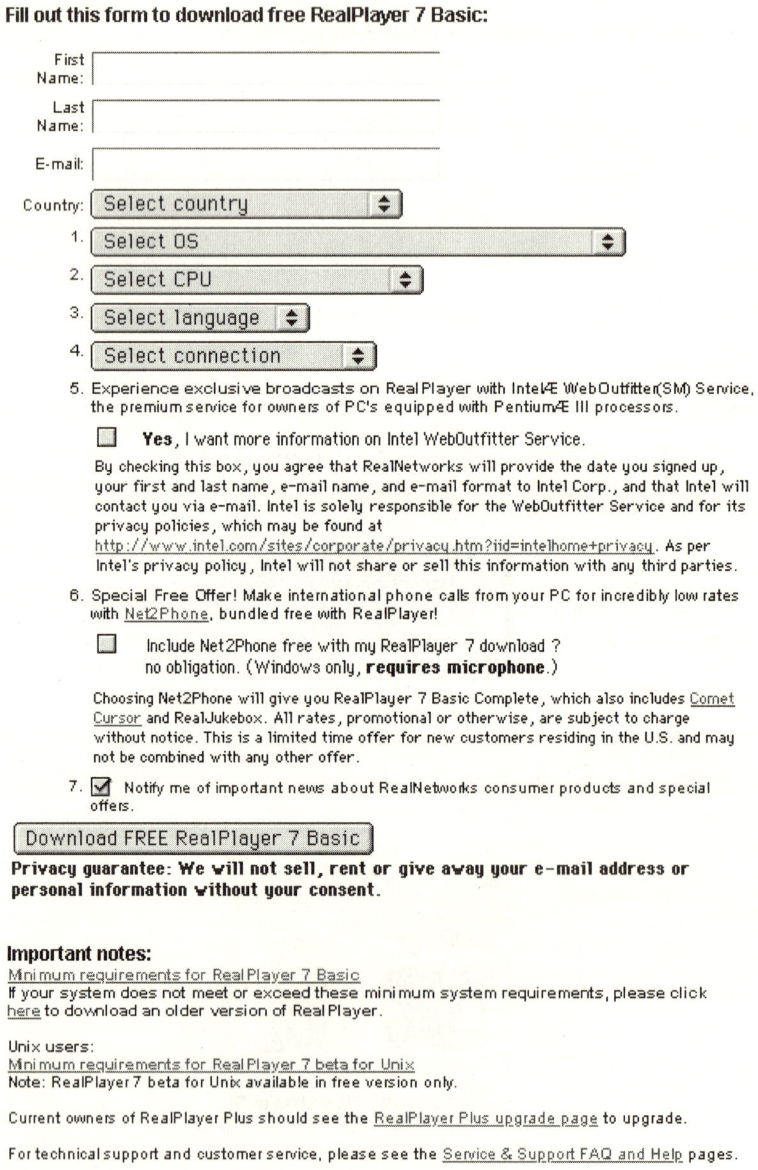

Fill out this form to download free RealPlayer 7 Basic:

First Name: [ ]

Last Name: [ ]

E-mail: [ ]

Country: [Select country ⇕]

1. [Select OS ⇕]
2. [Select CPU ⇕]
3. [Select language ⇕]
4. [Select connection ⇕]
5. Experience exclusive broadcasts on RealPlayer with IntelÆ WebOutfitter(SM) Service, the premium service for owners of PC's equipped with PentiumÆ III processors.

   ☐ **Yes**, I want more information on Intel WebOutfitter Service.

   By checking this box, you agree that RealNetworks will provide the date you signed up, your first and last name, e-mail name, and e-mail format to Intel Corp., and that Intel will contact you via e-mail. Intel is solely responsible for the WebOutfitter Service and for its privacy policies, which may be found at http://www.intel.com/sites/corporate/privacy.htm?iid=intelhome+privacy. As per Intel's privacy policy, Intel will not share or sell this information with any third parties.
6. Special Free Offer! Make international phone calls from your PC for incredibly low rates with Net2Phone, bundled free with RealPlayer!

   ☐ Include Net2Phone free with my RealPlayer 7 download ?
   no obligation. (Windows only, **requires microphone**.)

   Choosing Net2Phone will give you RealPlayer 7 Basic Complete, which also includes Comet Cursor and RealJukebox. All rates, promotional or otherwise, are subject to charge without notice. This is a limited time offer for new customers residing in the U.S. and may not be combined with any other offer.
7. ☑ Notify me of important news about RealNetworks consumer products and special offers.

[Download FREE RealPlayer 7 Basic]

Privacy guarantee: We will not sell, rent or give away your e-mail address or personal information without your consent.

Important notes:

Minimum requirements for RealPlayer 7 Basic
If your system does not meet or exceed these minimum system requirements, please click here to download an older version of RealPlayer.

Unix users:
Minimum requirements for RealPlayer 7 beta for Unix
Note: RealPlayer 7 beta for Unix available in free version only.

Current owners of RealPlayer Plus should see the RealPlayer Plus upgrade page to upgrade.

For technical support and customer service, please see the Service & Support FAQ and Help pages.

まずは，一番下の Minimum Requirements for RealPlayer 7 Basic という箇所をクリックして，自分のパソコンでこのソフトウェアが利用できるかどうかを確認しましょう。

利用できることが確認できたら，申込書に必要事項を入力し，確認の上，Download FREE RealPlayer 7 Basic と書かれたグレーのボックスをクリックします。あとは自動的にインストールの作業が進みますので，指示に従って下さい。

* RealPlayer7 Basic は音声ファイルと動画ファイルの両方を再生することのできるソフトウェアですが，CNN など，サイトによっては，QuickTime という名のソフトウェアもインストールしておくと便利です。

3. インターネット上の音声ファイルあれこれ

これで音声ファイルを聴く準備が整いました。実際にインターネット上の音声ファイルを聴くことができるようになったわけですが，その前に，どのような音声ファイルがオンライン化されているのかを概観しておきましょう。インターネット上の音声ファイルの主なものを

http://www.lang.nagoya-u.ac.jp/bunai/dep/eigog/listening/links.html

にまとめておきましたので，ここを開いて下さい。(「ブックマーク」あるいは「お気に入り」に入れておくと便利だと思います。)

さまざまな音声ファイルがあることがわかると思います。それぞれを簡単に紹介しておくことにしましょう。(URL 等の情報は2000年 4 月30日現在のものです。)

Links to Listening-Related Sites

You are advised to install a software called RealPlayer to make a full use of the sites below. You can install RealPlayer online for free.

Listening exercises

- English as a Second Language Home Page
- Randall's Cyber Listening Lab
- Exchange
- KVES

News

- NPR Online Programs
  - Morning Edition
  - Talk of the Nation
  - All Things Considered
- RealAudio Home (Choose one of the "beat clicks")
  - RealAudio Destinations (Enjoy previews.)
- Voice of America (Latest News from VOA)
- ABCNEWS.com

(1) ニュース

インターネット上には，ラジオやテレビで放送されているニュース番組のウェッブ・ページが数多く存在しています。ラジオ番組の多くは放送をライヴで流しています。過去の放送の音声ファイルは通常アーカイヴに保存されています。中には特集番組をまとめてあるところもあります。

■NPR（http://www.npr.org/programs/）

アメリカのNPR（National Public Radio）のウェッブ・サイトです。良質のニュース番組やトーク番組を提供してくれます。Morning Edition（http://www.npr.org/programs/morning/）とAll Things Considered（http://www.npr.org/programs/atc/）はニュース番組，Talk of the Nation（http://www.npr.org/programs/totn/）は視聴者参加型のトークショーです。時事問題に関心のある人にはお薦めです。そのほかにも芸術からメディアまで数多くの番組が提供されており，news magazines，talk shows，Informational，music，entertainment，special の6カテゴリーに分類されています。ライヴ放送を聞くためには，トップバーにあるnews now（http://www.npr.org/）をクリックします。最新のトップニュースが文字テキストでも掲載されています。またニュースのアーカイヴもあり，簡単な要約がついていますので，あらかじめこれを読んでから音声を聴くと，理解しやすいかもしれません。

■VOA（http://www.voa.gov/）

中曽根元首相も聴いていたというVOA（Voice of America）は，短波放送によって，すでに日本人の英語学習者にとってなじみ深いものかもしれません。News Now（http://www.voa.gov/newsnow/）で最新のニュースを聴くことができます。外国人をも対象にしていますので，比較的ゆっくりとした語り口です。5分ごとにアップデートされる特派員のレポートを文字テキストで読むこともできます。

■PC World Online News Radio
（http://www.pcworld.com/news/newsradio/index.html）

主としてパーソナルコンピューターに関するニュースを流しています。

■Air Force Radio News（http://www.af.mil/news/radio/）

主として空軍に関するニュースを流しています。

以上は音声のみのサイトですが，動画ファイルを用いたサイトも増えてきました。

■CNN.com（http://www.cnn.com/）

衛星放送でおなじみのCNNのサイト。カメラのマークでヴィデオのある記事を示しています。またホームページの上部にあるVIDEOの箇所をクリックすると，動画ファイルをまとめたページが出ます。動画ではなく，音声ファイルのみを聴く場合は，ホームページでAUDIOの箇所をクリックします。CNN Headline Newsなどが聴けます。記事のtranscriptもあります。

■ABC News.com（http://www.abcnews.go.com/）

アメリカの3大ネットワークの一つABCが提供するABC Newsのウェッブ・サイト。Audio/Video Indexに動画と音声ファイルがまとめられています。

■CBS News.com（http://cbsnews.cbs.com/）

同じく3大ネットワークの一つCBSが提供するCBS Newsのサイト。

■PBS Online（http://www.pbs.org/）

全米348のテレビ局が共同で制作・運営する非営利組織 PBS（Public Broadcasting System）のウェッブ・ページ。良質の教育番組を放送することで知られています。

■CBC.CA（http://cbc.ca/）

Canadian Broadcasting Corporation のサイト。文字テキストで掲載されているニュースのヴィデオを見ることができます。トップバーのVIDEO あるいは AUDIO をクリックすると，動画と音声ファイルを含むプログラムのリストが出ます。

■ABC Online（http://www.abc.net.au/news/guide/online.htm）

同じ ABC でもこちらは Australian Broadcasting Corporation のウェッブ・サイトです。オーストラリアに関する記事が充実しています。

（2）スピーチ

■Vincent Voice Library（http://www.lib.msu.edu/vincent/）

スピーチでは，Vincent Voice Library に貴重な録音ファイルが収録されています。フロレンス・ナイチンゲール（Florence Nightingale）やウィル・ロジャーズ（Will Rogers）の声，アメリカの大統領のスピーチを聴くことができます。

（3）朗読

文学に興味のある人は，詩人や小説家の朗読にトライすることもできます。

■The Academy of American Poets Listening Booth
（http://www.poets.org/lit/boothfst.htm）

The Academy of American Poets が提供する詩人の朗読を集めたサイトです。エズラ・パウンド（Ezra Pound），ウォレス・スティーヴンズ（Wallace Stevens），アレン・ギンズバーグ（Allen Ginsberg）をはじめ，100名近くの著名な詩人の朗読を聴くことができます。朗読を聴きながら，画面上でその詩の文字テキストを読むこともできます。

■Fooling with Words with Bill Moyer

(http://www.pbs.org/wnet/foolingwithwords/)

ニュースのところで紹介したPBSの特集ページ。ロバート・ピンスキー(Robert Pinsky),シャロン・オールズ(Sharon Olds)ら現代の詩人の朗読が聴けます。テクストもあります。PBSの特集は,様々なトピックをマルチメディアを利用して学習することのできる有益なサイトです。動画ファイルも数多くあります。たとえばアメリカの大統領トマス・ジェファソン(Thomas Jefferson)の黒人の愛人を追跡したプログラム(http://www.pbs.org/wgbh/pages/frontline/shows/jefferson/)などは大変すぐれたものです。トップバーにあるPrograms A-Zで興味をひいたトピックを選ぶことができます。

■The New York Times Book Review Audio Specials
(http://www.nytimes.com/books/specials/audio.html)

*The New York Times*の書評欄に加えられた朗読のページ。新刊本の第1章を著者が朗読した音声ファイルなどが収められています。通常,第1章の文字テキストも掲載されています。

■The Faulkner Speeches (http://www.uhb.fr/Faulkner/resources/Fspeeches.html)

ウィリアム・フォークナー(William Faulkner)の様々なスピーチを聴くことができることになっていますが,現在はノーベル賞受賞演説のみが提供されています。

(4) 映画

映画関連のサイトで最新映画の予告編を公開しているものがあります。

■Hollywood.com (http://www.hollywood.com/index_plain.html)

Multimedia Libraryで映画の予告編(preview)を見ることができます。もちろん,音声付きです。ウィンドウの左側に映画のタイトルが出ていますので,ここから映画を選択します。

(5) 英語学習用サイト

インターネット上にも少しずつ英語学習者を対象にしたサイトができつつあ

ります。学習用の音声ファイルが置かれており，自由にリスニングの練習をすることができます。設問形式になっているものもあります。

■English as a Second Language（http://www.rong-chang.com/）

ロン・チャンリ（Ron Chang Li）という人が提供しているサイトです。リスニング以外の分野も含めた，インターネット上の様々な英語学習用サイトを紹介しています。Listening Oral English Onlineと題されたリスニング用のページ（http://www.rong-chang.com/book/）に平易な会話のサンプルが収められています。

■Randall's ESL Cyber Listening Cafe（http://www.esl-lab.com/）

数多くの音声ファイルが，4レベルに分類されて，設問とともに提供されています。

■Interactive Listening Comprehension Practice（http://deil.lang.uiuc.edu/lcra/）

イリノイ大学アーバナ・シャンペーン校 Intensive English Institute が提供する英語学習用のサイトです。

■英語科学的学習法のページ（http://artcall.isd.atr.co.jp/）

ATR（国際電気通信基礎技術研究所）山田グループが提供するページ。"R" と "L" の聞き分けをはじめとする公開実験のページなどがあります。

(6) その他

以上の他にもインタヴューのサイト，また夥しい数で存在する音楽のサイトなどをリスニングの練習に使うことができるでしょう。音楽のサイトではMP3の利用が一般的ですが，この章では割愛します。

4. 音声ファイルを聴く

それでは，順番に音声ファイルを聴いてみましょう。

(1) ニュース

最初は，NPRの Morning Edition です。NPR Online のホームページでnews

now（headlines and analysis）を選択すると，最新のニュースを掲載したページが現れます。ここでは“McCain Admits His Bitterness Over Vietnam”（「マッケイン、ヴェトナムをめぐる苦い思いを吐露」）という見出しの記事を見てみます。

McCain Admits His Bitterness Over Vietnam
Arizona Sen. John McCain on Friday had harsh words for Vietnam's communist government on the last day of his visit to the southeast Asian country. The ex-Navy pilot, who spent five years in Vietnam as a prisoner of war, said he has not forgiven his captors for torturing and killing some of his fellow prisoners. He said he thought "the wrong guys" won the Vietnam War. The Hanoi government in turn accused Americans of committing horrendous crimes during the war. "It runs counter to the norms of morality that people who brought bombs and shells to sow death among our people and wreak havoc with the country now pass themselves off as having the right to criticize their victims-cum-saviors," a Foreign Ministry spokesperson said. The exchange took place just two days before the 25th anniversary of end of the war. Listen as NPR's Rob Gifford reports audio from Ho Chi Minh City for *All Things Considered* . For more on Vietnam, then and now, check out coverage on the National Public Radio-American RadioWorks page and on the Lost and Found Sound page.

You need the free RealAudio player.
To order transcripts and tapes of NPR stories, please email or call:
Toll-Free: 1-877-NPR TEXT (1-877-677-8398)
International calls: (801)374-1022

アリゾナ州の上院議員で共和党の大統領選に出馬したマッケイン氏がヴェトナム戦争終結25周年に際して，心境を吐露したというニュースです。ニュースを聴くには，記事の右隅にある audio の文字をクリックします。このように，最新のニュースをまず文字で読んでから，次に音声を聴くということができますが，逆に，最初に音声を聴いてから，記事を読んで内容を確認することもできます。また，NPR からニュースで読まれる記事を取り寄せることもできます。ページの下に挙げられているアドレスに電子メールを出して取り寄せます。（電話も使えます。）

次に VOA（Voice of America）のニュースを聴いてみましょう。news now live audio をクリックすると，ラジオで流されているニュースを聴くことができます。アーカイヴに保存されているニュースを文字テキストで読むこともできます。ただし，音声で聴いたニュースの内容をただちに文字テキストで読むことはできません。

CNN.com も見ておきましょう。ホームページから VIDEO を選択すると CNN Video Select のページが現れます。最初にヴィデオを見るためのソフトウェアを選択します。ここでは real 80+ を選択します。記事のタイトルをクリックすると，動画ファイルがダウンロードされ，自動的に再生を始めます。(RealPlayer 用の動画ファイルの用意ができていない場合もあります。QuickTime というソフトウェアがインストールされている場合，こちらを選択して同じ操作をすると動画を見ることができる場合があります。）画面の右のボックスの中の Related story を選ぶと新しい画面に関連した文字テキストが出ます。これを読んだ上で動画を見ると理解が深まることでしょう。

ABC や CBS のサイトでも同様ですが，はじめに記事を選び，その記事の中に出ているアイコンをクリックしてヴィデオを見る方法もあります。

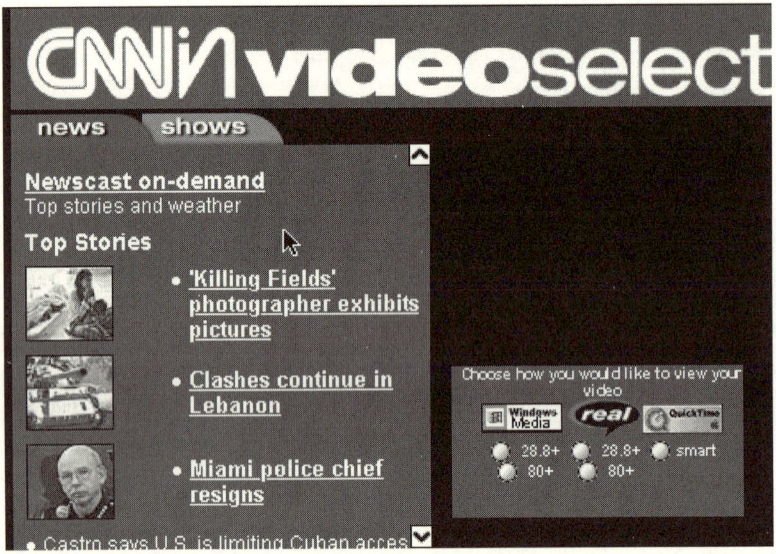

(2) スピーチ

ミシガン州立大学の Vincent Voice Libraryのホームページを訪れ，voice sample をクリックします。すると著名人の顔写真の並んだページが出ます。real のアイコンをクリックすると，その人物のスピーチを聴くことができます。(サイトにつながらない場合は，MP3 を選択してみて下さい。）古い録音なので音質が悪いのが難点です。

Woodrow Wilson talks about people's concern with politics

- 45 second sound file
- MP3 (353K)

(3) 詩の朗読

作家，詩人の朗読は，ややもすると内容が難しいかもしれませんが，英米文学を学んでいる人にはぜひともチャレンジしてもらいたいものです。The Academy of American Poets の Listening Booth には，朗読される詩のテキストが掲載されていますので，あらかじめ詩を読み，意味を調べたうえで朗読を聴くことができます。詩のテキストを見ながら朗読を聴くためには，read poem while you listen の箇所をクリックします。(音声が聞こえてこない場合もありますが，If you receive a “server not found” error message while trying to access an audio clip, our audio server is taking an unauthorized nap. という人を食った説明があります。)

たとえば，アレン・ギンズバーグ（Allen Ginsberg）の “A Supermarket in California” を聴いてみると，詩人が朗読の際，どこにポーズを置くのかがわかり，ためになります。押韻などにも注意しましょう。ロバート・フロスト (Robert Frost) の “The Road Not Taken” など短い詩は，暗唱してしまうと良いでしょう。

(4) 映画

映画の予告編も見てみましょう。Hollywood.com のホームページで Previews (予告編) を選びます。左のバーから映画のタイトルを選択します。アルファベット順になっていますので，まずはタイトルの頭文字を選択します。ここでは *American Beauty* を選んでみましょう。American ですから A を選択し，fwd

をクリックして *American Beauty* を探します。*American Beauty* が出たら，タイトルをクリックして下さい。Trailer を選び，Real Video の High Bandwidth を選ぶと，予告編が始まります。（QuickTime の動画も用意されていることがあります。）もちろん，字幕は出ません。他の音声ファイルでもそうですが，一回でわからない場合は，何度か繰り返し聴いてみると良いでしょう。

（5）英語学習用サイト

これまで見てきた音声ファイルは，必ずしも英語学習者のレベルに合ったもののものばかりではないかもしれません。VOA のようなニュース番組にしても，単語の面，スピードの面から学習者のレベルによっては難しく感じる場合があるかもしれません。また，スピーチなどは音質が悪いので，聞き取りが容易ではありません。そこで，教育的見地から英語学習者を対象に作られたサイトを見てみることにしましょう。

まずは先ほど紹介したロン・チャンリ（Rong Chang Li）という人が作った English as a Second Language というページを訪れてみましょう。このサイトにはリスニングだけでなく，英語学習の様々な分野のページがありますが，左のバーの中からリスニングを選ぶと，リスニング関連の様々なサイトへのリンクがあります。Listening Oral English Online を選択してみましょう。シチュエーションに応じた様々な会話をリンクしたページが現れます。それぞれに日常生活で使う平易な会話のサンプルが収められています。Shopping in America を選び，Conversation B を聴いてみましょう。ダイアローグが文字で示されていますが，まずは文字を読まずに聴いてみることをお奨めします。

次に，Randall's ESL Cyber Listening Labというサイトを見てみることにしましょう。ここにはEasy，Medium，Difficult，Very Difficultと4レベルに分けられた学習用の音声ファイルが数多く収められています。質問形式になっていますので，自習には適しています。穴埋め問題も用意されています。自分のレベルを考えて，いずれかを聴いてみましょう。

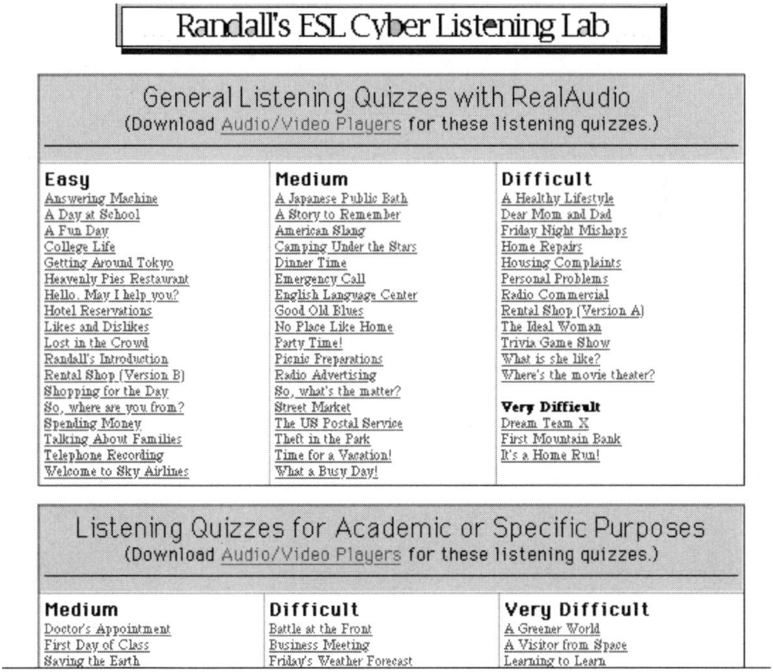
Randall's ESL Cyber Listening Lab
General Listening Quizzes with RealAudio
(Download Audio/Video Players for these listening quizzes.)
Easy
Answering Machine
A Day at School
A Fun Day
College Life
Getting Around Tokyo
Heavenly Pies Restaurant
Hello. May I help you?
Hotel Reservations
Likes and Dislikes
Lost in the Crowd
Randall's Introduction
Rental Shop (Version B)
Shopping for the Day
So, where are you from?
Spending Money
Talking About Families
Telephone Recording
Welcome to Sky Airlines
Medium
A Japanese Public Bath
A Story to Remember
American Slang
Camping Under the Stars
Dinner Time
Emergency Call
English Language Center
Good Old Blues
No Place Like Home
Party Time!
Picnic Preparations
Radio Advertising
So, what's the matter?
Street Market
The US Postal Service
Theft in the Park
Time for a Vacation!
What a Busy Day!
Difficult
A Healthy Lifestyle
Dear Mom and Dad
Friday Night Mishaps
Home Repairs
Housing Complaints
Personal Problems
Radio Commercial
Rental Shop (Version A)
The Ideal Woman
Trivia Game Show
What is she like?
Where's the movie theater?
Very Difficult
Dream Team X
First Mountain Bank
It's a Home Run!
Listening Quizzes for Academic or Specific Purposes
(Download Audio/Video Players for these listening quizzes.)
Medium
Doctor's Appointment
First Day of Class
Saving the Earth
Difficult
Battle at the Front
Business Meeting
Friday's Weather Forecast
Very Difficult
A Greener World
A Visitor from Space
Learning to Learn

英語学習用のリスニング教材として作られたサイトをもう一つ見てみましょう。イリノイ大学アーバナ・シャンペーン校のIntensive English Instituteが開発したInteractive Listening Comprehension Practiceです。トピックを選択すると，練習問題の使い方が示され，Beginをクリックすると練習問題のページが現れます。ウィンドウ上部のフレームに指示が出ますので，指示に従います。Predict，Listen，Check，Extra Help，More Infoの順に練習が進みます。

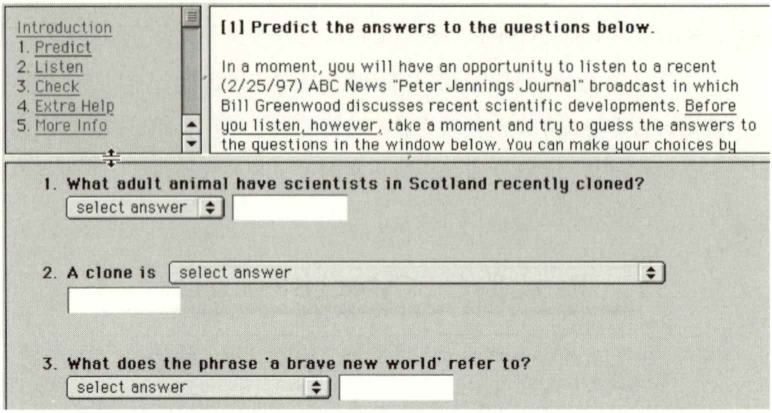
Introduction
1. Predict
2. Listen
3. Check
4. Extra Help
5. More Info
[1] Predict the answers to the questions below.
In a moment, you will have an opportunity to listen to a recent (2/25/97) ABC News "Peter Jennings Journal" broadcast in which Bill Greenwood discusses recent scientific developments. Before you listen, however, take a moment and try to guess the answers to the questions in the window below. You can make your choices by
1. What adult animal have scientists in Scotland recently cloned?
select answer
2. A clone is
select answer
3. What does the phrase 'a brave new world' refer to?
select answer

5. インターネット上の音声ファイルの利点と問題点

以上のように，インターネット上には多くの音声ファイルを見つけることができます。歌手のページ，映画のページのように，ファンとしてそれらのページを訪れ，趣味感覚で英語の音声に触れることのできるものもあります。教材用に開発された音声ファイルはまだ多くはありませんが，それ以外のものもいくつかは使えそうです。インターネット上の音声ファイルの利点をいくつか挙げてみましょう。

(1) 原則的に無料である

何と言っても，教材代が無料ですむことは魅力です。電話回線を利用する場合は，電話料金を払わなければなりませんが，「フラット・レート」(利用回数・時間に関わらず一定料金体系) のシステムが普及する日も遠くはないでしょう。

(2) どこでも利用できる

ラジオ放送に限って言えば，かつては短波放送で聴かなければならなかった番組を，コンピュータを通して聴くことができるようになったのは大きな利点と言えましょう。短波放送を聴くためのラジオを購入する必要がなくなりましたし，音質もはるかに良くなっています。場所によって，受信状況が左右されないこともインターネットの大きなメリットです。

(3) 選択の幅が増えた

以前は受信することのできなかったラジオやテレビの番組を聴取できるようになったことも大きなプラスです。NPR や PBSの良質の番組を部分的であれ，聴いたり観たりすることができるようになったことは喜ばしいことです。

(4) 文字テキストと平行して利用できる

また，ニュース関連の多くのサイトが関連した記事を文字テキストで提供していることも重要です。耳で聴く内容を文字で確認できるのは，リスニングの練習を行う際に大きな助けとなります。

もちろん，リスニング用の教材として考えた場合，(1) サイトの利用者が多いと接続不良を起こす場合があるとか，(2) ハードウェア，ソフトウェアを揃えなければならない，(3) 接続環境によっては通信速度が不十分であるといった難点があることも否定できません。また，(4) 学習用に開発された教材の数がまだ少ないことは問題です。いくつかの大学ではその大学に所属する学生に利用させるための教材を開発していますが，アクセス制限をして大学外部の利用者への提供を拒んでいる場合があります。リスニング以外の英語能力を高める教材同様，音声教材をインターネットのコミュニティ全体に開放し，多くの学習者と共有する精神が望まれます。このような共同作業が進展していけば，コンピュータを利用できる環境を持つ者には大変有益な学習環境が実現するはずです。

しかし，たとえばニュース番組などの音声ファイルをダウンロードし，これをMDなどにコピーし，通勤・通学中に電車やバスの中で繰り返して聴く習慣をつければ，こうしたインターネット上の音声ファイルはきわめて有益なリスニング教材になります。すでに単行本一冊分をダウンロードして携帯用のリーダーで読むことが可能になっているわけですから，近い将来，こうした形で利用するリスニング教材が開発されることは間違いのないところでしょう。

6. おわりに

リスニングは日本人の英語学習者の弱点とされます。集中的に練習をしてもなかなか上達しません。リスニングの練習をする上での注意点を思いつくままにまとめておきます。

(1) 長期間にわたって継続的に練習をする

同じ教材を何度も繰り返し聴くと，耳は次第に慣れていくものです。インターネットの音声教材に限りませんが，たとえば特定のニュース番組などにターゲットを絞って，これを継続して聴くと良いでしょう。1年，2年，あるいは3年の計画で，まずは合計300時間英語を聴いてみましょう。1日1時間とすると，365日で365時間。1日30分なら2年で365時間となります。以下に示すシャドーイング，あるいはディクテーションの練習を試みながら聴くとよいと思います。

(2) 興味の持てるトピックを選ぶ

好きなものについては関心が持続するものです。野球，映画，音楽，何でも構いません。インターネットに限らず，興味のあるジャンルの教材を探してみましょう。

(3) 決まり文句を覚える

ラジオ，テレビ番組などを利用する場合，まずは番組で使われる決まり文句をいくつか覚えてしまいましょう。ニュース番組でよく使われる表現を覚えるには，渡辺千秋『FENのきき方』（ジャパンタイムズ），松本道弘『「FEN」を聴く』（講談社現代新書）などが便利です。（なお、FEN は現在では AFN と呼ばれています。）

(4) リーディングの練習を平行して行う

リスニングの教材に関連する読み物を平行して読んでおくと，内容理解が容易になります。リスニングの上達のためにはリーディングの練習は欠かせません。例えばニュース番組を聴く際に，平行して英字新聞を読んでおけばトピックがわかるだけでなく，あらかじめ固有名詞を了解しておくこともできます。また多くのテキストを読むことによって，英語の言い回しに慣れておくと，リスニングの際に，次に来る表現を予測することもできるようになるはずです。

(5) シャドーイングの奨め

耳で聴いた表現をそのまま口に出して繰り返す練習をすると効果があります。シャドーイング（shadowing）と言います。日本語と英語では音のリズムが異なります。聴いたことを実際に口に出すことで，英語のリズムに対する感覚を養い，集中力を高めましょう。子音を強めに発音することがコツです。子音の発音のためには母音を強く発音することが必要となり，必然的に，英語の強勢のリズムを会得できるようになることでしょう。

(6) 反復の練習

(5) とも関連しますが，短文をそのまま繰り返す練習をすると効果が上がります。これは英文を読む際にもお奨めします。一つの文を読むと同時に覚えてしまい，それをただちに繰り返すのです。こうすることによって，英文を聴くときの理解が早くなります。繰り返すことのできる文の長さを次第に長くしていきましょう。日本語に直すのでなく，英語で内容を記憶する習慣が身に付くだけでなく，聴解能力を高めるのにも役に立ちます。

(7) 発音記号を覚える

発音記号をまだ覚えていない人は覚えてしまいましょう。文字テキストで発音のわからない単語に出くわしたとき，辞書で発音を確かめることができます。また英語の発音についての初歩的な知識があると有益です。山田恒夫，足立隆弘『英語リスニング科学的上達法』（ブルーバックス）などが役に立ちます。英語を発音するときには，日本語を発音するときとは異なる身体の部位を用い，発声の仕方も異なります。そのことを理解すると，今までは聴き取れなかった音も聴き取れるようになることでしょう。

　できるだけ多くの英語を継続して聴く，これがリスニング上達のための地道な手段であるに違いありません。インターネットはそのための有効な環境を提供し続けてくれることでしょう。

HTMLを使った英語文章構成法

杉浦　正利

1. はじめに

本章では，Web ページの作成に使われている HTML（HyperText Markup Language）を使って，英語の文章の構成法について考えます。「英語の」とはいうものの，論文を書く時の文章構成法としては基本的に日本語の場合でも同様です。HTMLについては，第3節でくわしく述べますが，文章を構成している「部品」がどのような役割をしているかを示す記号のことです。

英語で書く場合には，それに加えて，外国語である英語での表現能力をつける必要があります。こうした実際に使うための外国語の能力は，丸暗記によって身に付くものではありません。「Learning by doing.」です。身を持って体験し訓練することにより身につくものです。英語ができるようになるためには，「質と量」が大切です。試験での正しさという「質」ばかりを訓練しても，使えるようにはなりません。「量」の訓練が必要です。学校という制度の中では，先生は「評価」をしなくてはなりませんから，どうしても「正しさ」が重視されてしまいます。しかし，それだけではダメだ，ということです。「正しさ」がダメだというのではなく，「正しさ」だけではダメだということです。英語で文章が書けるようになるには，本章で学んだ後，できるだけたくさん実際に書くことが必要です。自分だけで書く練習をするのではなく，たくさん書いて，WWW（World Wide Web）上でどしどし発表し，世界の人に見てもらって下さい。実際のコミュニケーションに使って下さい。

2. 英語の文章構成法

2.1 文章を書く行為

文章を書くという行為は，自分の思っていることを言葉にして，それを相手に伝えて，相手に自分の思っていることをわかってもらうということです。最終的な目的は，相手にわかってもらうということです。相手にわかってもらえなかったら，それは失敗です。つまり，文章を書くといっても，それは本質的にはコミュニケーション活動であるということです。

コミュニケーションには相手があります。自分の思っていることを自分の書きたいように書けば良いというものではありません。自分の自己満足のために書くのであれば，好き勝手に書けば良いでしょう。自分さえわかれば良いのですから。いくらわかりにくい文章でも誰の迷惑にもなりません。しかし，相手のことを考えずに書いた文章では，コミュニケーションは成り立ちません。

相手にわかってもらうということは，相手にとってわかりやすい文章を書くということです。相手の立場になって書くということです。それは，自分だけの主観的な閉じた世界ではなく，自分と相手がいて，自分の考えていることをどのようにしたら相手にわかってもらえるかという客観的な世界です。すなわち，文章を書くという行為は自己を客観的に見つめ直し，この世界にいる自分以外の人のことを思いやるということなのです。

文章を書く訓練をするということは，自己を客観的に見つめ直す訓練をすることであり，また，相手のことを考える訓練をすることです。これは，自己の確立と思いやりの気持ちを育てることにつながります。逆にいうと，客観的に自己を見つめることと相手を思いやる気持ちがなければ，良い文章は書けないということです。良い文章を書くには訓練が必要です。教育が必要なのです。

2.2 構造と言語表現化

自分の思っていることを，言葉にし，それを相手が読み，内容を理解する，ということが文章でコミュニケーションするというプロセスです。自分の思っていることと同じことを相手が頭の中に描ければ，相手が理解してくれたということになります。しかし，そもそも自分の思っていること自体が整理できていないとしたら，それをいくら忠実に言葉にして，その言葉を誤解なく相手が解釈してくれたとしても，相手の頭の中に描き出されるのは，整理のついていない内容です。相手は，なんだかよくわからない，ということになり，結局，コミュニケーションは失敗することになります。そもそも伝えたい内容が理解しにくいものである場合，それをいかに正確に伝えたとしても，わかってもらえるわけではありません。すなわち，言葉にする以前に，まず，自分が何を伝えたいのかということを，整理し，わかりやすくしておく必要があります。

自分が言いたいことを一言でいえないとしたら，それは，そもそも言いたいことがはっきりしていないということであり，思いを文章にする前に，自分が何をいいたいのかを整理する必要があります。一度に伝えたいことは一つのまとまったことにしなくてはなりません。まとまりがないことは整理がつけられませんから。

一つのまとまりがあるとしたら，そこに含まれることは，一つのまとまり全体の中の一部分といえます。全体の中のそれぞれの部分のことを「要素」といいます。全体を構成する各要素もそれ自体でまとまりをもっていなくてはなりません。全体の中のそれぞれの要素は必ずその全体の中に含まれることでなくてはいけません。関係ないものを入れては全体のまとまりがなくなるので，関係ないものを入れてはいけません。また，ひとまとまりの中の要素は何らかの「関係」を持っていなくてはいけません。どんな関係かは，要素と全体との関係の場合もあるし，要素と要素の間の関係である場合もあります。お互いに関係のある要素から成り立つひとまとまりのものには「構造がある」といいます。

相手に伝えたい内容には，構造を持たせる必要があります。すなわち，全体としていったい何を言いたいのかというまとまりと，その全体は，どのような要素から成り立っているか，そして，それぞれの要素はどのような関係になっているのか，ということがはっきりしている必要があるというわけです。

伝えたい内容を整理し，構造を持たせたら，次にすることは，それを言葉で表現するということです。全体の中に含まれるそれぞれの要素を文にして表現します。そして，それぞれの要素間の関係も言葉にして表します。関係を表す言葉を「つなぎ言葉」といいます。すなわち，全体に含まれる個々の要素の内容そのものを表す言葉と，そうした内容を表す言葉どうしを結びつける言葉の二種類があるわけです。英語で文章を書くという場合にも，この二種類の言語表現のしかたを学ぶ必要があります。

2.3 文章構成法の基本パターン

伝えたい内容を構造化し，その構造がわかるように言語表現化するわけですが，構造そのものは，目に見えません。それは，要素間の「関係」だからです。言い方をかえると，要素の組み合わせ方です。この組み合わせ方には，「パターン」があります。人は，ものごとを「パターン」で認識しています。ものごとにパターンを見つけることができると，人は「わかった」と思います。また，パターンがあるものは理解しやすく覚えやすいですが，パターンがないと理解しにくく覚えることも困難です。下の二つの図を5秒間だけ見て，このページを閉じて，どんな図だったかを思い出して，その図を描いてみて下さい。

右側の図の方が描きやすかったと思います。それは，右側の図にはパターン

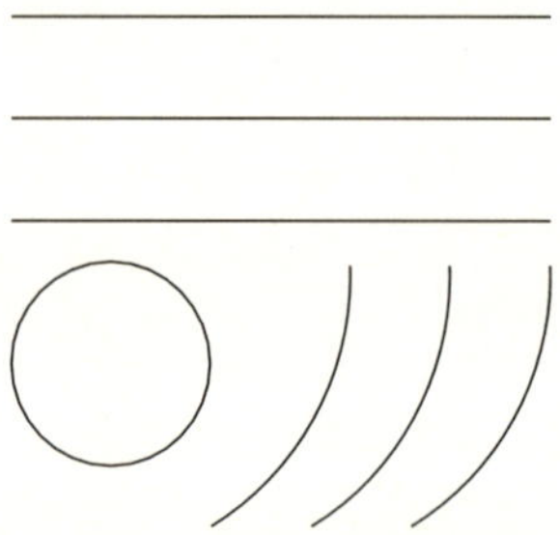

があるからです。右側の図を，言葉で表現し，相手にそれを描いてみてもらうことはできるでしょうが，左の図を言葉で説明して相手にわかってもらうのは困難です。左の図には自分と相手の間で「共有する（お互いに知っている）パターン」がないからです。

英語の文章構成法にもパターンがあります。そのパターンを知っていれば，書く時にはそのパターンの枠にあわせて書けばよいので書きやすいし，他の人

の文章を読むときに，どのパターンで書かれているかがわかれば，文章も理解しやすくなります。英語の文章構成法の基本的なパターンは以下の四つです：

1. 時間順（time order）
2. 項目順（listing）
3. 比較・対照（comparison/contrast）
4. 因果関係（cause-effect）

時間順というのは，言葉で表現しようとしているものをその発生した順番に並べていくパターンです。年表のように時間の推移とともにできごとを順番に述べるわけです。項目順というのは，いくつかの項目を順に述べることです。述べられる項目間には，できごとの発生順という時間の順序は関係ありません。どれから順に述べるかという順序があります。つまり，時間順パターンの場合には，言葉で表現しようとしている対象そのものの中に時間の順番がありますが，項目順というのは，どれから表現するかという表現のしかたの方に順番があるわけです。

比較・対照のパターンは，二つ（以上）のことを取り上げて，それぞれを比較したり対照したりしてそれらの似ている点や違っている点を述べることです。因果関係は，原因と結果という関係からものごとを述べることです。原因を述べてその結果を述べるタイプと，結果を述べてからその原因を述べるタイプがあります。

基本的には，時間順，項目順，比較・対照，因果関係という四つのパターンですが，実際は，これらが組み合わさった構造になっている場合もあります。例えば，雨の日に交通事故の多い理由を三つ述べるという場合，因果関係と項目順という二つのパターンが組み合わさっているといえます。しかし，基本は四つだということがわかっていれば，後は必要に応じてそれを組み合わせれば良いわけです。

2.4 構造を表す道具（つなぎ言葉）

伝えたい内容を構造化し，それを言葉にして表す際には，内容を表す表現と，構造を表す表現（つなぎ言葉）の二種類があると上で述べました。構造そのものは目に見えないものですが，構造を表す表現は目に見えるものです。実際に文章を書く際には，最初に伝えたい内容の構造化をして，その構造に基づいて文章を書きます。その際に，要素と要素の関係をわかりやすく言葉で表すためにつなぎ言葉を使います。

しかし，文章の書き方を学習する際には，つなぎ言葉の方を先に覚えて，それらがどのような構造を表すために使われるのかということを学ぶという方がわかりやすいかもしれません。目に見える具体的な言語表現を学んだ方が，目に見えない抽象的な関係を学ぶよりは，わかりやすいでしょう。

上で見た四つの文章展開のパターンを表すのに使われるつなぎ言葉として例えば以下のようなものがあります。

1. 時間順

    Then,

    Later,

    After that,

2. 項目順

    First,

    Second,

    Next,

3. 比較・対照

    However,

    In contrast,

    On the other hand,

4. 因果関係

    As a result,（事実としての結果）

    Therefore,（議論の結果）

    Consequently,

こうした基本4パターンに関する表現以外にも，よく使われる種類の表現として，例えば以下のものがあります。

For example,（例示）

In other words,（言い替え）

As for ...,（話題提示）

To sum up,（まとめ）

ここであげた表現は，ほんの一例です。この他にもたくさんありますが，よく使うものを以下にまとめました。

英語でよく使う接続語句

●時間順

after a while しばらくして
eventually 最後に，最終的に
finally 最後に
at last ついに，とうとう
immediately すぐに
in a short time すぐに
afterward のちに
later のちに
soon すぐ後で
first 最初に
at the moment 現時点では
in the future 将来
in the meantime それまでの間
meanwhile その間

●項目順

moreover さらに
what is more さらに
furthermore さらに

besides さらに

additionally それに加えて

in addition それに加えて

again ここでも，さらに

(and) also さらに，同じように

second 二番目に

finally 最後に

next 次に

●比較・対照

in contrast それとは対照的に

on the other hand 一方，それにたいして

at the same time 同時にまた

however しかしながら

otherwise さもなければ

instead そのかわりに

nevertheless それでもなお

still それでもなお

anyway いずれにしても

above all 特に，とりわけ

especially 特に，殊に

in particular 特に

particularly 特に

in fact 実際，事実

of course もちろん

naturally 当然のことだが

obviously 明白なことだが

on the contrary それに反して
actually そうではなくて事実は
in fact そうではなく実際は

likewise 同様に
similarly 同様に
in the same way 同様に
in the same fashion 同様に
(and) also 同様に
by the same token 同様に

●因果関係

for this reason この理由で
due to ... のせいで
thanks to ... のおかげで
owing to ... のおかげで
because of ... のせいで

for this purpose この目的のため
to this end この目的のために
to accomplish this これを達成するため
to satisfy these requirements これらの要請を満足させるため
accordingly したがって，この結果
as a consequence 結果として
as a result 結果として
as it turned out その結果として
consequently したがって
for that reason その理由で

thus したがって
hence したがって
therefore したがって

●例示

for example 例えば
for instance 例えば
namely 例えば
Take the case of ... の場合を考えてみよう
in the case of ... の場合は

●言いかえ

in other words 言いかえると
that is つまり，すなわち
that is to say すなわち
namely つまり
or rather と言うよりは，むしろ

●取り立て

regarding ... に関しては
with regard to ... に関しては
as for ... に関しては
in the matter of ... に関しては
at least 少なくとも
not to mention 言うまでもなく
needless to say 言うまでもないことだが

●要約

to sum up 要約すると
summing up 要約すると
in sum 要約すると
in short 一言で言えば，端的に言うと
to put it briefly 簡単に言えば
in brief 簡単にいえば
finally 結論的に言うと
in other words 言い換えるならば
lastly 最後に
all in all 概して言えば，全体として
on the whole 全体として
by and large 概して

●話の流れで「今」

at this point この点で
here ここで
so far ここまでは
in this instance この例においては
in this case この場合は
in this connection この関連において

これらのつなぎ言葉は，たいてい文頭に置かれるという点にも注意して下さい。英語の文には，必ず，主語と動詞があります。動詞の後ろには補語が来る場合もあるし，目的語が来る場合もあります。さらにその後に，場所や時間を表す表現が来たりします。動詞より後ろの部分については，ある要素が来たり来なかったりしますが，主語と動詞は必ず存在し，普通の文（平叙文）の場合は，必ずこの順番で使われます。

ところが，つなぎ言葉は，たいてい主語よりも前に置かれます。それには，

特別な理由があるのです。主語よりも前に置かれている要素は，その文よりも一つ上のレベルの働きをするものなのです。その働きの一つが文と文の関係を表すという機能です。文と文との関係を示す表現を，文から孤立させて，文と文との間に置くのも不自然ですから，見た目は，後ろの文の文頭，すなわち主語の前に，置いておくわけです。文と一緒に書いてあるけれど，その文が表している内容そのものではないということを示すために，主語との間にカンマ「,」を置いて目立たせるわけです。

明示的なつなぎ言葉としての表現以外にも，普通は文中で使われる表現でも，文頭に置かれることにより，つなぎ言葉としての機能を持つこともあります。以下の例を比べてください。

1. I came to Nagoya in 1986.

2. In 1986, I came to Nagoya.

独立した文としては，どちらの文も表している意味は同じです。しかし，話の流れの中に置かれた時，上の文の「in 1986」と，下の文の「In 1986」は，働きに違いが出ます。上の文の場合，「in 1986」は，「私は1986年に名古屋に来た」という意味で，「in 1986」は，あくまでもその文の中のできごとの時間を説明するだけです。しかし，下の文の「In 1986」は，単に，その文の表しているできごとの時間を説明するだけではなく，それ以前の話とは違って，ここからは1986年のことを述べていくという，話の流れを明示的に変える機能があります。これ以降，新たに文頭で，新しく時代設定をする表現を使わない限り，話はそのまま1986年のことだと理解されます。

以上見てきたように，伝えたい内容を構造化し言語表現化する際に，構造を示すために使われる特別な表現が「つなぎ言葉」です。それは様々な構造，要素間の関係を表す機能があり，通常は，主語より前の文頭に置かれます。主語より前の文頭という位置は，特別な位置であり，文の表す内容そのものではなく，文より上のレベル，文と文との関係，話のながれを表す表現がくる位置であるということがわかっていただけたと思います。こうしたつなぎ言葉として使われる表現を学ぶことにより，英語の文章の中では，どのような構造が使われるのかということを逆に学ぶことができるわけです。

2.5 文章を書く行為の電子化

文章を書くということは，伝えたい内容を構造化し，それを言語表現化するということです。従来はこうした作業を，紙と鉛筆，そして辞書を使って行なっていました。伝えたい内容の構造化については，アイデアを一つずつ一枚のカードに書き，それを，後で並べ替えて試行錯誤しながら仕分けしグループ化するという作業を通じて行なっていました。一枚一件のカードを使うのは，後で並べ替えをするためでした。ノートに書いてしまったのでは，物理的に移動できないからです。しかし，そうした作業はコンピュータ上で行なうことにより，文字情報（文字で書いたもの）のコピーやペースト，移動など，画面上で簡単にできるようになりました。

また，言語表現化する際には，辞書を使い，英語の表現を探し，確かめながら，考えを英語の表現にするということをしてきました。現在では，辞書も電子化され，いちいち紙をめくらなくても，コンピュータの画面上で辞書を引くことができるようになりました。すでに，主だった辞書類はほとんどがコンピュータ上で引けるようになっています。印刷された辞書では，ページ数に制限があるので，辞書に載せられる情報の量が限られていました。狭い紙面にいかに見やすく文字情報を並べるかという工夫がなされてきました。しかし，コンピュータ上であれば，紙面の広さ（狭さ）という物理的な制約がないので，事実上，どれだけの量でも載せることができます。必要な情報を必要なだけすばやく引くことができます。

辞書は，語の意味を調べるのにも使いますが，文章を書く際には語の用法が大切になってきます。語の用法について説明のある場合もありますが，従来の紙の辞書では紙面の都合で，説明は最小限にならざるをえませんでした。そのような時に役に立つのが例文です。実際にその語がどのように使われるのかは例文を見ればわかるわけです。例文からその用法を読み取ることで語の用法に関する情報を得ることができるわけです。

英語で文を書く際に，一番重要なのは，動詞の選択です。もちろん，伝えたい内容を表す意味を持った動詞を使う必要がありますが，文を書く際には，それだけでは書けないのです。つまり，その動詞がどのような文型をとるかがわかっていなくては，動詞の後ろにどのような要素をどのような形で置くのが適切かということがわからないということです。それがわからなければ事実上，文を作ることはできません。

それぞれの動詞の持つ文型を，詳しく調べて分類すれば，およそ30ほどの文型に分けることはできますが，英語学習者としては，その約30の文型にどのようなものがあり，個々の動詞がその内のどの文型をとるかということを，分類して記述したものを覚えても事実上役に立ちません。他の人がまとめた結果を丸暗記しても，その知識が使えるようにはなりません。丸暗記すればよい知識（宣言的知識 declarative knowledge ）と，丸暗記しただけではダメでそれが実際に使えなくてはならない知識（手続き的知識 procedural knowledge ）とがあるのです。例えば，楽譜を丸暗記してもピアノでその曲をひくことはできません。その曲をピアノで実際にひいて練習しないとひけるようにはなりません。

思っている内容を文で表現するためには，適切な動詞を適切な文型で使う必要があります。個々の動詞がどのような文型を持っているのかということは，一般論でまとめて覚えることはできません。個々の動詞がどのように使われているかを，自分で調べて，その使い方を学習（発見）し，実際に自分でその文型を使って表現してみる，という行為を通じて一つずつ身につけていくしかありません。しかし，通常の辞書はスペースの関係で，それほど多くの例文は載せてありません。そこで，最近注目されているのが，「コーパス」です。コーパスとは，電子化された言語資料のことです。実際に使用された文を大量にコンピュータ上に保存したものです。ある表現が実際にどのように使われているのかということを，いちいち人間の目で本などを読みながら調べるのではなく，事前にコンピュータ上に保存されている資料をコンピュータの検索機能を使って，瞬時にその表現を含む例文をいくつも表示させることができるのです。こうした道具を使うことにより，自分が表現しようとしている文で使う動詞が実際にどのように使われているかをたくさんの例文で，瞬時に調べることができるようになっています。例えば，以下のところで，こうした例文検索プログラムを利用できます。

英語例文検索システム「WebGrep for NESS」

http://kermit.lang.nagoya-u.ac.jp/program/webgrep/webgrepNESS.html

伝えたい内容を構造化し，言語表現化する，という文章を作成する過程は，人の頭の中で浮かんだ発想を，他の人にもわかってもらえるように整理して言葉で表すということです。それを，外国語で行なおうとする場合，さらに，適切な外国語の表現を使えるように外国語の表現能力も伸ばさなくてはなりません。従来は，そうした知的作業を，紙と鉛筆，ノートやカード，そしてタイプライターなどを使って行なっていました。そうした知的生産のための道具はそれなりに工夫され便利でしたが，それらが物理的な「もの」であるがゆえの限界もあったわけです。そうした「もの」のもつ限界をいかに乗り越えるか，それには道具の工夫とともに，その道具を使う人間の側にも，その道具の使い方を習得する必要がありました。辞書を片手で3秒で引ける訓練をつむことにより，素早く英語学習に必要な情報を得ることができるようになるわけです。辞書を引く訓練は，結果的には英語学習を進めることになりますが，辞書を引くという運動能力そのものは，英語能力とは全く関係ない能力です。たまたま辞書が紙でできていたためその紙をめくるという運動能力が必要になっただけです。

コンピュータがコミュニケーションの道具（メディア）として登場したことにより，知的生産をめぐる状況は一変しました。外国語を学習するという知的作業も当然，影響を受けます。アイデアをまとめるという作業，それを言葉にして文字で「書く」という作業，辞書を調べるという作業，例文を調べるという作業，そうした作業を，これまでの紙を中心としたメディアとは，全く違う環境で行なうことになりつつあります。これは，どちらが良いかとか，どちらが正しいかとかいう問題ではありません。大切なのは，本質的な目的は何なのかを考え，その目的のためには何を使うのが最適かを考え，それを使う際には，そのものの持つ特徴を生かし，また，逆に，欠点を補ってそれを利用するということです。

コンピュータを利用した文章作成という知的生産活動には，コンピュータの持つ特徴を生かす必要があります。しかし，コンピュータの利用はまだ始まったばかりで，人類にとって経験的に受け継がれるほどの「知恵」の蓄積はほとんどありません。また，コンピュータ自体が発展途中であり，些細な技術的な知識はすぐに役に立たない知識になってしまいます。そのような半年もしないうちに役に立たなくなってしまう知識ではなく，コンピュータというものを使った知的生産活動とは一体どのような性質のものであるのかという本質を見すえて，コンピュータを知的生産活動の目的のために利用するという態度が大切です。

3. HTMLとは何か

3.1 歴史的背景

HTML（HyperText Markup Language）とは，文書をWWW上で利用するための「書式」のことです。ネットワークにつながれたコンピュータ上で情報を共有するために考え出されました。WWWは，知識の共有を助けるためのシステムなのです。情報がどのような構造になっているかということを記述するとともに，関連する情報どうしを「リンク」（ハイパーリンク）させて，知識のネットワークシステムをコンピュータネットワーク上に構築する仕組みなのです。

1990年にCERN（Conseil Européen pour la Recherche Nucléaire : 欧州合同原子核研究機関）の Tim Berners-Lee によってWWW システムが完成された後，1993年にNCSA（National Center for Supercomputing Applications : 米国国立スーパーコンピュータ応用センター）で MOSAIC というWWW専用のブラウザーが開発され，文字だけでなく画像も含めてコンピュータ画面上に表示できるようになりました。つまり，MOSAIC によって，WWW はグラフィックユーザーインターフェイスを持つことになったのです。たとえば，文書の見出しの部分が大きな文字で目立つように表示されたり，各段落が自動的に整形されて表示されたり，強調したい部分がイタリック体で表示されるようになりました。

3.2 論理と物理（構造と見た目）

もともと情報の持つ構造と情報どうしの関連を記述するために考案されたHTMLですが，それを見やすく表示する機能がMOSAIC により実現されることで，WWW という人類の知識共有システムは，インターネット上で爆発的に普及し始めました。

ここで，注意してほしいのは，HTMLの持つ「構造の記述」という目的とブラウザー上での「見た目」という二面性です。本来，構造と見た目は関係のないものですが，人が見てその構造が推測できるように見た目のレイアウトができていればわかりやすいといえます。逆にいえば，人は見た目からその構造を推測するわけです。MOSAIC は，構造に見た目を与えたという点で画期的なプログラムでした。

しかし，ここには「落し穴」があります。HTML は，そもそも情報の構造を記述するために考え出されたものであり，見た目がどう見えるかということは本来は考えられていなかったのです。そこで，MOSAICは，構造と見た目の対応関係を適当に設定して，表示することにしました。しかし，この対応関係は，HTML として決められていることではないので，その後，MOSAIC 以外のWeb ブラウザーは，それぞれが独自に見た目を決めるようになってしまい，同じHTML ファイルでも，どのブラウザーで見るかによって見た目が違うということが起きるようになってしまいました。

これは，もともとHTML が，情報の構造と表示の仕方という二面性を考慮して設計されなかった，ということがその原因です。最近は，スタイルシートという表示の仕方を定義する方法が考案され，それにより，ブラウザーでどのように見えるかということを，HTML ファイルの中に記述することがある程度可能になりました。

もう一つ，HTMLには，欠点があります。それは，HTMLで表すことのできる情報の種類が，決められてしまっているということです。表す情報の種類によって表記を自分で決められれば，複雑な情報も記述できるのですが，HTMLの場合はそうはいきません。事前に決められている表記方法を工夫して使うしかありません。こうした欠点を改善するために，XML（eXtensible Markup Language）という新しい規格が提案されています。

3.3 文章の構成に必要なタグ

HTMLは，もともと情報の構造を記述するために考案されました。ですから，HTMLを使って文章を書くということは，自然と文章の構造を意識して書くということになります。具体的には，文章の各部分が，全体の中でどのような役割を果たしているのかということを考え，それを示す記号を文章中に埋め込んでいきます。必要なのは，どこからどこまでが一つのまとまりで，そのまとまりがどのような役割を果たしているかを明記することです。HTMLでは，以下の二つの規則でそれを実現しています。

1. 始まりを示す記号と終りを示す記号をつける。
2. 役割を示す記号を事前に定義しておく。

例えば，ひとまとまりの文章で，全体を包括する一番上のレベルの見出しは，「H1」という記号を使います。「H」は「Heading」（見出し）という英語の頭文字だと思って下さい。その次の数字の「1」は一番上のレベルということを表しています。見出しの始まりの部分には，その記号を不等記号で囲んだ「<H1>」を置き，終りの部分には，記号の前にスラッシュを入れて「</H1>」を置きその範囲を指定します。こうした記号のことを「タグ」と呼んでいます。

文章の中のまとまりにつける見出しタグは，一番上のレベルの「1」から「6」までが定義されています。実際に使われるのは，三つ目のレベルくらいまでです。文章が，いくつかの部分からなり立っている場合，以下のような構成になります。

```
<H1>文章全体の見出し(タイトル)</H1>

<H2>中見出し，グループ1</H2>
<H3>グループ1内での小見出し1</H3>
<H3>グループ1内での小見出し2</H3>
<H3>グループ1内での小見出し3</H3>

<H2>中見出し，グループ2</H2>
<H3>グループ2内での小見出し1</H3>
<H3>グループ2内での小見出し2</H3>
<H3>グループ2内での小見出し3</H3>

<H2>中見出し，グループ3</H2>
<H3>グループ3内での小見出し1</H3>
<H3>グループ3内での小見出し2</H3>
<H3>グループ3内での小見出し3</H3>
```

このように，文章の各要素に見出しをつけることにより，それぞれの要素が，文章中でどのような役割をする部分かということを明示できます。このようにして，明示的に見出しタグをつけたものをブラウザー上で読み込んで表示すると，以下のようになります。

文章全体の見出し(タイトル)
中見出し，グループ1
グループ1内での小見出し1
グループ1内での小見出し2
グループ1内での小見出し3
中見出し，グループ2
グループ2内での小見出し1

グループ2内での小見出し2
グループ2内での小見出し3
中見出し，グループ3
グループ3内での小見出し1
グループ3内での小見出し2
グループ3内での小見出し3

また，パラグラフという単位を表す記号は「<P>」です。パラグラフの先頭に「<P>」を置き，末尾に「</P>」を置くということになります。ただし，現実的には，パラグラフを表すタグについては，例外的な使われ方も許されています。つまり，文章は必ずパラグラフから構成され，一つのパラグラフが終了したらその次からはまた新しいパラグラフが使われるわけです。文章の途中では，「</P>」の次には必ず「<P>」が来ることになるわけです。すなわち，この二つは事実上ペアで使われるわけです。だとしたら，いちいち両方書かなくても，「<P>」だけ書いてあれば，そこが二つのパラグラフの境目だということがわかるので，パラグラフについては，前後をタグで囲むというよりは，境目に「<P>」を書くという規則で運用されています。

パラグラフのタグを置いた場合，ブラウザーで見ると，段落と段落の間が一行空いて見えるようになっています。また，段落の先頭をインデントしません。実は，これは最近使われ出した新しいタイプの段落のスタイルです。段落の先頭でインデントするかわりに，段落間を一行空けます。これによりどこからどこまでが一つのパラグラフなのかがよくわかるようになります。

よく似たタグに「
」があります。これは，「BReak line」（改行）を表し，そのタグのある箇所で，文章は改行されて表示されます。この場合は，そのタグ以降が次の行に送られるだけで，行と行の間に一行空くということはありません。厳密にいうと，これはあくまでも「改行」であり「段落」という単位を表す記号ではありません。

そのほかに，箇条書を表すためのタグがあります。番号つきで箇条書にする場合は，「<OL>」(Ordered List)，番号なしの場合は「<UL>」(Unordered List)

を使います。このタグで囲んだ範囲に項目を並べて使います。各項目を表すタグは，「<LI>」(List Item) です。このタグを各項目の先頭につけて使います。番号つきの場合は，ブラウザーで表示させた時には，番号を自動的にふってくれます。

＊番号つき箇条書

```
<OL>
<LI> 一つめの項目の内容
<LI> 二つめの項目の内容
<LI> 三つめの項目の内容
</OL>
```

＊番号なし箇条書

```
<UL>
<LI> 項目の内容
<LI> 項目の内容
<LI> 項目の内容
</UL>
```

それぞれ，ブラウザーで表示させると以下のようになります。

＊番号つき箇条書

1. 一つめの項目の内容
2. 二つめの項目の内容
3. 三つめの項目の内容

＊番号なし箇条書

・項目の内容
・項目の内容
・項目の内容

文章の構成を考える時には，この箇条書のタグを使います。思いついたことや論拠となる情報を，まずはとにかく書き出して，それを後で，並べ替えながらアウトラインを考えるわけです。番号をつける場合も，HTMLで書いている時には，その数字は気にしなくて良いのです。とにかく項目の先頭に「<LI>」を書いておけば，ブラウザーで表示した時には自動的に上から番号をつけてくれますから。

この他にも，HTML には，様々なタグがありますが，HTMLを使った文章構成法に必要なものはこれだけです。

3.4 使用するソフトウエア：エディターとブラウザー

まず押えておくことは，HTML ファイルを作成・編集するソフトと，それを表示・閲覧するソフトは，別のものである，ということです。HTML ファイル自体は普通の「テキストファイル」です。文字だけが書かれたファイルです。ただし，その文字には，二種類あるわけです。伝えたい内容を表すために書かれている文字と，そうした内容の「構造」を伝えるための「タグ」です。すなわち，HTML ファイルで文章を書くということは，伝えたい内容を書くだけではなく，それがどのような構造になっているのかということもタグを使って書くことになるわけです。構造を意識して書くことになるわけです。

HTMLファイルは，「テキストファイル」です。テキストを編集するエディター（Macintoshの場合は「Simple Text」など，Windowsの場合は「メモ帳」など）や，普通のワープロソフトで作成できます。（ワープロソフトを使った場合は，ファイルを保存する時に，ファイルの種類として「テキスト形式」を選んで下さい。）最近では，HTML ファイルの編集専用のプログラムが多く出ていますが，その多くは，情報の構造を意識化して文章を編集するというよりは，見た目を派手に色をつけたり，画像を入れたりという「飾り」の部分ばかりが目立つものです。文章を書くためには不必要です。

HTMLファイルは，ファイル名の後ろにそのファイルの種類を表す「拡張子」として「html」と書く習慣になっていますので，例えば，「sample.html」のような名前をつけてください。Windowsの場合は，この「拡張子」が表示されない設定になっている場合がありますので，ウインドウの表示オプションで，「拡張子は表示しない」という項目のチェックを外して，拡張子を表示して作業をしてください。（詳しくは以下を御覧ください。http://oscar.lang.nagoya-u.ac.jp/tech/soft/htmlEdit.html）

「テキスト・エディター」で作成したHTMLファイルを実際に見るためには，「ブラウザー」（Netscape等）を使います。

4. 文章の書き方

では，実際に，HTMLを使って文章を書く過程を説明しましょう。

4.1 情報収集

最初に，書こうと思っているテーマに関する情報をできるだけたくさん集めます。本や，新聞，雑誌，また，WWW上の検索サービス（サーチ・エンジン）のページを使って，情報を集めます。その時注意することは，具体的な情報，事実を，その出典とともにメモすることです。WWW上の情報であれば，URL（Uniform Resource Locator）が出典となります。WWW上の検索サービスのページはたくさんありますが，検索の仕方としては，基本的に二つのタイプに分けられます。ジャンルによる検索と，キーワードによる検索です。ジャンルによる検索としては，Yahoo!が，その元祖です。また，キーワードによる検索は，AltaVistaが，その元祖です。

* http://www.yahoo.com

* http://www.altavista.com

ジャンルによる検索は，広い一般的な枠組から段々と狭い話題に情報を絞っていきます。これは，あることに関して大雑把な全体像を調べたい時に便利です。逆に，キーワードによる検索は，具体的なものを直接調べるのに使います。キーワードが具体的であればあるほど自分の欲しい情報を得ることができます。

一般的な言葉をキーワードとして検索すると，検索結果が多過ぎて，結局，欲しいものが見つからずに終ってしまうので注意して下さい。

4.2 ブレーン・ストーミング

話をまとめる前に何でもとにかく思いついたことを書きとめることを「ブレーン・ストーミング」と呼びます。最初はとにかく，箇条書でどんどん並べていって下さい。色々調べてメモをしたものを，HTMLファイルに記入していきます。調べた事実だけではなく，作業中に思いついたアイデアも一つの項目として箇条書に加えていって下さい。例えば，これを，「idea.html」という名前で作成しておきます。例えば，南の島について書こうと思ったら，思いつくままに，項目をあげていきます。

```
<OL>
<LI> Saipan
<LI> Guam
<LI> Hawaii
<LI> Cebu
<LI> Oahu
<LI> Luzon
<LI> Maui
<LI> Negros
<LI> Kauai
</OL>
```

4.3 アウトライン

次に，箇条書になったものを見ながら，関係がありそうなものどうしをまとめていきます。移動したい行をマウスで選んでおき，メニューの編集から「カット」を選び，次にそれを挿入したい箇所をマウスで一度クリックして，メニューの編集から「ペースト（貼り付け)」を選びます。こうして，箇条書の各項目をグループにまとめていきます。

この段階で，それぞれのグループが，どのようなまとまりを持っているのかを考え，グループ毎に箇条書のタグで囲みます。また，そのグループごとに見出しをつけていきます。グループの見出しを見ながら，それぞれのグループの中に入っているものどうしの関係を考えます。すなわち構造化をするわけです。

最初はグループに入れておいたものでも，グループの見出しを考えグループ間の要素どうしの関係を考えると，どうも関係が薄いというものが出てきます。そういうものは，思い気って消してしまいます。単に，関係があるからということで残しておくのはよくありません。全体でまとまりのある構造にするために，直接関係ないものを捨てることにより，逆に，残った要素間の関係が単純になり，わかりやすくなるのです。

```
<H2> Hawaii Islands </H2>
<OL>
<LI> Hawaii
<LI> Oahu
<LI> Maui
<LI> Kauai
</OL>

<H2> Philippines </H2>
<OL>
<LI> Cebu
<LI> Luzon
<LI> Negros
</OL>

<H2> Others </H2>
```

```
<OL>
<LI> Saipan
<LI> Guam
</OL>
```

4.4 文章化

全体の構成ができたら，それを順に言語化していきます。言語化にあたっては，内容そのものを言語化する表現の部分と，文章の構造を表す表現の部分とがあることを思い出して下さい。箇条書の各項目を文で表現し，各項目間の関係を「つなぎ言葉」をつかってつなぎ合わせていきます。そのファイルに例えば,「essay.html」という名前を付けましょう。

それぞれの「まとまりのある文章」には構造があります。その構造を段落を例に説明します。各段落の先頭には,「トピックセンテンス」を置きます。トピックセンテンスとは，その段落が「何について」の話なのかを一文で述べた話題の導入文です。その後の本文のところで，実際の話の展開があるわけです。その展開方法については，第2節で，詳しく述べましたが，基本的には，4つのパターン（時間順，項目順，比較・対照，因果関係）がありました。本文の量は，およその目安として，文が三つくらいです。それより少ないと内容が物足りないし，あまり多くなると，むしろ二つに段落を分けた方がわかりやすくなります。また，各段落の最後には結論の文がきます。結論では，その段落のトピックについて，本文の話の展開の結果どうなったかということを簡潔に一文にまとめます。

段落の基本的なパターンは以下のようになります：

1. トピックセンテンス（話題の導入）
2. 本文1
3. 本文2
4. 本文3

5. 結論（まとめ）

いくつかの段落から成り立つ文章も，基本的にはこの段落の構造と同じ構造を持っています。最初に，序論があり，真中に本論があり，最後に結論があるという構成です。

1. 序論
2. 本論1
3. 本論2
4. 本論3
5. 結論

序論では，その文章全体が何について書かれたものであるのかを述べます。本論部分で話を展開します。結論は，本論部分で議論したことを簡潔にまとめる部分です。ここで注意して欲しいのは，結論の部分は，上で述べてきたことを，簡潔にまとめる部分であるということです。結論の部分で何か新しい話題を述べることは，全体の構成上のまとまりからすると不適切なことです。

また，序論の部分は，読み手が読む時は最初に読みますが，書く時にはその部分を一番最後に書きます。それは，本論を書いている途中でまた様々なアイデアが浮かんできて，最後に書き終った時には最初の案とは，ずれてしまうことがよくあるからです。その点，本論以下をすべて書き終っていれば，その文章が全体でどんなことについて述べるのかということがはっきりしています。本論を書き終ってから序論を書くことにより，全体としてのまとまりを出すことができるわけです。

それぞれの段落が上で述べた基本的なパターンに従っているとして文章全体は次のような枠組になります。

1. 序論
    1. トピックセンテンス（この文章が何についてのものか）
    2. 本文1（本論1では何について述べるか）
    3. 本文2（本論2では何について述べるか）
    4. 本文3（本論3では何について述べるか）

    5. 結論（この文章を書く目的は何か，何をわかってもらいたいのか）

2. 本論 1
    1. トピックセンテンス（本論1では何について述べるか）
    2. 本文 1
    3. 本文 2
    4. 本文 3
    5. 結論（本論1の結論は何か）

3. 本論 2
    1. トピックセンテンス（本論2では何について述べるか）
    2. 本文 1
    3. 本文 2
    4. 本文 3
    5. 結論（本論2の結論は何か）

4. 本論 3
    1. トピックセンテンス（本論3では何について述べるか）
    2. 本文 1
    3. 本文 2
    4. 本文 3
    5. 結論（本論3の結論は何か）

5. 結論（ここで話の「落ち」をつけるわけではない点に注意）
    1. トピックセンテンス（この文章は何についてのものだったか）
    2. 本文 1（本論1の結論は何だったか）
    3. 本文 2（本論2の結論は何だったか）
    4. 本文 3（本論3の結論は何だったか）
    5. 結論（全体で言いたかったことは何か）

段落の構造と，文章全体の構造が基本的には同じ構造だということがわかると思います。一つの文が20個の単語から成り立っているとすると，一つの段落に5つの文があるので，一つの段落で100単語。上の例は五つの段落からなる文章ですから，これで500語からなるエッセーが書けるようになるわけです。

さらに，今度は，この文章をひとまとまりの単位と考え，これを本論部分だとみなして，三つ分集めてそれに序論と結論をつけることで，さらに長い文章を書くことができます。このようにまとまりを集めてさらに大きなまとまりにしていくことで，長い論文や，本も書けるようになるわけです。

4.5 推敲

実際には，アウトラインに基づいて文章を書く段階ですでに，内容的には，かなり推敲をしていることになります。ここでは，一通り，書き終ってから，英語の文章としてどのような点に注意して見直すかということを述べます。

見直すべき点は，個々の文のレベルと，文より上の文章構成のレベルの二種類があります。以下に，そうした注意点をまとめてみました。

●文レベル

1. 動詞
    1. 数の一致：主語の数と動詞の対応（三人称単数現在形の「s」）
    2. 時制の一致：接続詞でつながれた節と節，前後の文と文
    3. 動詞の取る文型
        1. 文型（文の構造）は，動詞によって決まる。
        2. 動詞の用法ごとに一つずつ覚えるしかない。
        3. 典型的な例文で覚えると良い。
        4. 自信のないものは，調べる。
        5. 多くの例文を見て自分で規則性を発見するようにすると良い。
2. 名詞（数えられるものか数えられないものか）
3. 冠詞（話し手と聞き手の間で具体的に何のことを言っているのか特定できるものには「the」をつける）

●文章レベル

1. 主語の前に出ている要素に注意
    1. 英語では，文は主語から始まるのが普通。
    2. 主語の前に，何かあるのは，それなりの理由がある。
    3. 「文」よりも上のレベルで，「文と文のつながり」，「話の流れ」，「文章の構造」にかかわる表現であるために，主語よりも前に置かれる。
2. 代名詞に注意
    1. 事前に具体的に明示してなければ，代名詞は使えない。
    2. 具体的な名詞表現を，何度も繰り返して書くのはめんどうなので代名詞を使う。
    3. 日本語なら，わざわざ言わなくても良いことでも，英語は，原則として文中の要素を省略できない。
    4. 代名詞の使える範囲は，その段落内に限られる。
    5. 段落の始めに代名詞があるのは不適切。
    6. 代名詞が何を受けているかが文脈から明らかな場合だけ代名詞を使える。
    7. 代名詞が何を指しているかすぐにわからないような場合には，代名詞を使わずに，具体的に名詞句で明示する。

こうした点を注意することにより，英語の文章としてのかなりの部分を正しく表現できるようになります。

5. 実際の作文例

本章で説明した方法で，実際に書いてもらった例を紹介します。

Cleverness of *Shakespeare in Love*

BABA, Kyoko

Shakespeare in Love, which acquired seven Academy Awards, is very "clever." Originally, the word "clever" has two meanings. One conveys a good meaning, and the other conveys a bad meaning. As for a good meaning, I think clever points of this movie can be divided into two points. One is a historical point, and the other is a literary point. A bad meaning for "cleverness" comes from the lack of its original theme. I will explain the double-sided cleverness of *Shakespeare in Love.*

First, it is historically "clever." That is, it is quite true to historical facts, or there are some interesting historical facts in it, so it "cleverly" entertains the audience with such knowledge. I give three examples. One fact is that in the 16th or 17th century England was not sanitary, for people threw filth out of the window. In this movie filth falls right behind a walking man twice. The second fact is that in Shakespeare's period, there were also other famous writers. Here, C. Marlowe and J. Webster play important roles, and especially J. Webster as a boy argues that he likes cruel scenes, which can be seen in his works. The third fact is that when the Queen walks on puddles, subjects spread their cloaks over them, which is a famous episode.

Second, it is literarily "clever." Like historical facts, it cleverly uses literary motifs to let the audience find what they know about the motifs and make them feel enjoying. Some motifs of Shakespeare's works can be seen. The audience may immediately notice that this movie is meta-*Romeo and Juliet.* The hero, Shakespeare, and Romeo overlap here. Shakespeare often used "apparent death" and "male attire" in his works. These motifs are used in this movie, too. The heroin in this movie sometimes appears in "male attire," and she grieves over the hero's "apparent death." In the last scene the ship where the heroin on board wrecks, and she alone comes to the new world. This is the first scene of *Twelfth Night.* Then we can connect Shakespeare's works along his life, which is quite interesting.

Though *Shakespeare in Love* is both historically and literarily "clever" and interesting, it is too "clever" to have its own theme. Certainly, it cleverly uses his historical or literary ideas, but it looks a little artificial. In other words, it is a patchwork or a jigsaw puzzle of borrowed ideas. For example, as the theme of *Romeo and Juliet* is a tragedy of two lovers, so in this movie the hero devoted himself to hopeless love. However, this tragedy may not impress the audience well, because there is nothing new about it. The theme of this movie is also unimpressive due to many incorporated motifs. Could it be a masterpiece? I don't think that it will be highly valued 100 years later, because it lacks an original

Shakespeare in Love is clever enough to be admired for its unique technique, and it may deserve many Academy Awards, especially the award for the leading actress, for she vigorously plays both Juliet in *Romeo and Juliet* and Viola in *Twelfth Night*. These famous works of Shakespeare are clearverly woven into this movie. In addition, this movie also reflects the Shakespeare's period well. But, the audience should not overlook the lack of its original theme. So, *Shakespeare in Love* can be admired for its cleverness, and also can be criticized for that cleverness.

1. 序論

*Shakespeare in Love*がアカデミー賞を受けたという話をし，その映画の「賢さ」を話題として導入しています。次に「賢さ」には良い面と悪い面があると述べ，この映画の良い面（2点）と悪い面を見ていくことを述べています。それで，この映画の「賢さ」の二面性を説明しようとしています。

2. 本論 1

歴史的な観点から「賢さ」を説明しています。具体的に映画の中での例を三つあげています。

3. 本論 2

文学的に「賢い」という点を，シェイクスピアの作品との関係を具体的に示すことで説明しています。

4. 本論 3

悪い点として，歴史的なことや文学的なことをうまく取り込んでいるけれども，逆に，一つの作品としてのこの映画の独自のテーマに欠けるという点を説明しています。

5. 結論

映画としてはアカデミー賞をとる程良いものだけれども，その「賢さ」には良い面と悪い面の二面性があるので，良い面だけではなく両面を見なくてはならないと結論を述べています。

文章の展開の仕方としては，「賢さ」の良い面を二つあげるという「項目順」と，良い面と悪い面を比べるという「比較・対照」という展開のしかたが，組み合わさって使われています。また，歴史的な賢さについての段落では，その証拠を「項目順」のパターンにしたがって三つあげています。

文章の構成のしかたを細かく見ると，必ずしも上で説明した典型的なパターン通りではありません。しかし，実際の作文では，これで良いのです。典型的なパターンがあるということを知った上で，実際に書いていくと，そのパターンに合わない場合が出てきます。パターンに合わせようと工夫をしても，どうしてもパターンには合わせられないとしたら，それはそのように書く「必然性」があると判断してそのように書いて良いのです。

枠組がないと，構成がしっかりしなくて，わかりにくい文章になってしまうので，そうならないように，枠をつくってそれに合わせて書くわけです。しかし，書く内容によっては，その枠には収まらないこともあります。枠組はあくまでも原則です。原則はやむを得ない場合は例外を認めるということです。

6. おわりに

本章では，Webページの作成に使われるHTMLを使ってまとまりのある文章を書くにはどうしたら良いかという文章構成法について説明しました。まず，文章を書くというのは，伝えたい内容を読み手にわかってもらうというコミュニケーション活動であるということを説明しました。わかりやすくするには，話にまとまり（構造）を持たせなければなりません。そのまとめ方には四つのパターン（時間順，項目順，比較・対照，因果関係）があるということと，そうした話の流れを表すための特別な表現（つなぎ言葉）があるということを説明しました。

後半では，実際にHTMLを使って文章を書く方法を説明しました。最初に，HTML と WWW が考案された意図を説明しました。それは，コンピュータネットワーク上でお互いに構造のある文書を使用することで情報を共有しようということだったのです。次に，構造を持った文章を書くのに必要なHTMLの基礎を解説しました。そして，実際に，情報を集め，アイデアを出し，アウトラインを考え，それを文章化するという手順を説明し，最後に，この手順にしたがって書かれた作文例を紹介しました。

もちろんHTMLを使わなくても文章は書けます。しかし，わかりやすい文章を書くとはどういうことか，文章に構造を持たせるとはどういうことか，ということを理解し，実際にそういう文章を書く能力を養うためには，文書の構造を明示的に示すために考え出されたHTMLを使って文章を書く練習が役に立つのです。

英語学習用マルチメディア教材の選び方

馬場 今日子

1. はじめに

本章では英語学習用に開発されたマルチメディア教材について，その選択の仕方や利用の仕方を考えます。マルチメディア教材というのは，マルチメディアを利用した教材のことです（マルチメディアとは文字・音声・画像など複数の媒体がデジタルに組み合わされたもののことです）。マルチメディア教材には実に様々な種類があります。最近書店で英検やTOEFL・TOEICといった英語の試験用の教材をよく見かけます。その他にもリスニングやスピーキング，あるいは文法などに特に焦点を当てた教材もあります。また教材によって学習のやり方も様々です。例えば全体がゲームになっていてその中に練習問題が組み込まれている教材もあれば，後で紹介するように，コンピュータ画面上に英語の文章が表示され，その中で分からない単語を選ぶと単語の意味や用例・画像などが表示されるような教材もあります。

コンピュータの普及に伴いこのようなマルチメディア教材を使った英語学習が広まりつつあります。学校ではもちろん個人でもマルチメディア教材に触れる機会は多くなりつつあると思います。1999年に私が訪れたボストン大学にはMultimedia Language Labという施設があって，学生が好きなときにそこへ立ち寄り，20種類にも及ぶマルチメディア教材（中にはこの施設で独自に作られた教材もありました）を利用できるようになっていました。教材は文法・発音・語彙・リスニング・ライティング・リーディングなどのジャンルに分類され，自分が苦手としている分野を中心に学習することができました。このような施設は日本の学校でも近い将来一般的になると思われます。またマルチメディア教材を自宅で使用したいと考える人も多くなるでしょう。そうなれば学校で英語を勉強している学生だけでなく，あらゆる年齢層の人々が利用することが考えられます。例えば子供が勉強しているのを見て自分も英語を勉強したくなったのだが，何かよいマルチメディア教材はないだろうか，と思われる方もいらっしゃることでしょう。このようにマルチメディア教材が求められるのは，一般的に従来の教材よりも親しみやすく，高い効果が期待できると考えられているからだと思われます。しかし本当にマルチメディア教材は学習効果が高いのでしょうか。本章では特に英語学習において，「良い」マルチメディア教材とは何か，マルチメディア教材を実際に選ぶときに考えるべきポイントを検討し，実際のマルチメディア教材（CD-ROM）を紹介します。

2. マルチメディア教材を選ぶときのポイント

「良い」マルチメディア教材とは何でしょうか。マルチメディア教材を使って学習することのメリットの一つは，一人の教師が何十人もの学生を指導するよりも一人一人の学習者のレベル・ニーズ・性格に対応しやすいということです。したがってマルチメディア教材を評価する時は他人がどう評価するかということよりも，自分のニーズを満たし，自分にあった使いやすい教材が「良い」教材だといえます。ですから全ての人にとって「良い」マルチメディア教材は存在しません。しかし選ぶ際にどういう点に注意して選んだらよいかというポイントがいくつかありますから，以下で「良い」マルチメディア教材の選び方のポイントを紹介していきます。

(a) マルチメディアらしさがあるか

当然のことですが，マルチメディアらしさがないようならマルチメディア教材である必要がありません。マルチメディアらしさとは例えば以下のようなことです。

・文字・音声・画像・ビデオなど様々なメディアを同時に利用できる。

・カセットテープやビデオテープなどのアナログと異なり，教材の様々な個所に瞬時にアクセスできる。

これらを活かすことで効果的な英語学習の効果を高めることが期待されます。

マルチメディアを利用する効果については様々な研究がなされていますが，そのうちの一つにDorothy M. ChunとJan L. Plassという研究者による語彙習得についての実験があります。この実験は彼らが開発した*CyberBuch*というプログラムを使い，ドイツ語を学習するアメリカの大学生を対象にして行われました。*CyberBuch*ではドイツ語で書かれた物語が１ページずつ表示され，その中の難しい単語一つ一つに対して英語による定義・その理解を助けるような，絵・動画という3種類の説明が組み込まれています。つまり学生はコンピュータ上でドイツ語の物語を読みながら，分からない単語については文字か絵か動画による説明を見ることができるのです（一つの単語について何度も説明を見たり，複数の種類の説明を見てもよいことになっています）。その後，物語に出てきたドイツ語単語を文字による定義・絵・動画のどれかとともに学生に提示し，その理解をテストしました。その結果，文字による定義のみを付けた単語よりは，文字による定義と絵あるいは動画を付けた単語の方がよく覚えられていたのです。また，単語に文字・動画・絵のどれか一つだけを付けた場合，絵のついた単語が一番正解率は高かったものの，ほとんど差は出ませんでした。つまり，一つのメディアしか利用しないよりも，文字と絵，あるいは文字と動画といった２つのメディアを利用した方が，単語を覚えやすいということです。

(b) 使い方が分かりやすいか

せっかくマルチメディアらしくいろいろな機能が備わっていても，その内容が理解しにくかったり，使い方がよく分からないのではマルチメディア教材も役に立ちません。そこで，教材の使いやすさを調べるために以下のような条件を満たしているかどうかをチェックしてみましょう。

・文字が読みやすい。

・音声が聞き取りやすい。

・動画が滑らかに動く。

（これらの条件は使用しているコンピュータの性能による部分も大きいのですが，同じコンピュータを使って複数の教材を試してみると，やはり教材によって明らかに差があるのがわかります。）

・学習を進める時に，何をどうすれば良いのか学習者が迷わないようになっている。例えば，

　・メイン・メニューに戻ったり，他の選択肢に進む方法が常に示されている。

　・利用方法が分からない時にすぐ画面上で説明が受けられる。

　・次の画面に移るための文字や絵がはっきり示されている。

　・他の画面に移るリンクはあまり多過ぎない。

　・表示されるボタンやアイコンが多すぎることなく，それらが何を意味するのかはっきり分かる。

(c) 内容が面白いか

従来の授業ではたとえ面白味の少ない教科書でもそれが良質の教材であれば，教師の使い方次第では学生の興味を引くことができました。しかし特に個人で学習するように設計されたマルチメディア教材では，教材そのものが面白くなければ，すぐに飽きられてしまいます。語学の学習のようにかなりの集中力と時間を必要とする活動においては，教材と長い時間付き合えるように，自然に教材に引き込んでしまうような工夫がなされるべきなのです。そこで最近では教材にゲームの要素が取り入れられることも多くなりました。このような教材を使えば，ゲームをしながら英語を学習するというように，遊びと学習を一緒に行えます。このような教材は，“education” と “entertainment” を組み合わせた edutainment software と呼ばれたりします。edutainment 教材は親しみやすく，大変喜ばしいものですが，ゲーム的要素が強くなり過ぎて学習効果が薄れてしまうのでは意味がありません。遊んでいるような気分で教材を使っていても，しっかり学習できるような edutainment 教材の開発が望まれます。そのために

は，良質な内容を持ち，学習の目的を達成しやすい教材であることが重要です。

(d) 学習に役立つか

マルチメディア教材に限らず，全ての教材に何より求められるのは学習効果です。いくら目新しく面白いマルチメディア教材でも，私たちの学習に役立たなければ意味がありません。マルチメディア教材では特にその技術に注意が向けられがちですが，どれくらい高度な最新技術を駆使して作られているかよりも，どれくらい自分の学習に役立つかをよく考えるべきです。つまりそのマルチメディア教材でどんなことができるかという機能を調べることも大切ですが，それを使って実際の学習活動がどのように行われるのかとか，本当にそれで効果があるのか，という点こそが大切なのです。

(d-1) コンピュータを使った学習をよく見る

コンピュータを使った言語学習（Computer Assisted Language Learning，以下CALLと略します。マルチメディア教材を使用した英語学習もこれに含まれます）では，私たち学習者にとってどのようなものが望ましいのでしょうか。まず，CALLはコンピュータ主導型か，学習者主導型かで分類されることがあります。この二つでは学習者主導型のCALLの方が私たち学習者にとって望ましいとされています。John Higginsという研究者は，CALLをMagister（ラテン語で教師という意味です）とPedagogue（ラテン語で特に主人の子供の世話をする奴隷という意味です。身分は奴隷ですが，家庭教師のような人々を指します）という人物に擬人化して分類しています。この比喩を思い浮かべれば，そのCALLが学習者主導型かコンピュータ主導型かをイメージ的に見分けることができます。CALLの経験のある方は，その活動を思い浮かべてみてください。

Magisterは，偉い大学の教授のような人です。学者らしい立派な服を着ていて，その服のポケットには給与小切手がのぞいています（これは，彼の地位が安定しているという証拠です）。片方の手にはハンカチを持っています。これは彼の学生たちへの配慮を表しています（しかしハンカチでできることは限られています)。もう一方の手には杖を持っています。これは彼が学生を評価したり，誉めたり叱ったりするような権威ある人だということを示します。また彼の正面には本があるのですが，これは大学などの講義要項のようなものです。彼はこれに沿って授業を行うので，好みに関わらず，学生は決まった順番でしか学習できません。つまりMagisterは権威的で，学習者を管理するので，コンピューター主導型学習の比喩だと考えられます。一方Pedagogueは上に述べたようにもともとは子供の通学に付き添う奴隷のことです。だから彼はサンダルをはき，安い綿の服を着，若い主人の5歩後ろを歩きます。彼は若いご主人の本を持ってあげていますが，杖は持っていません。若いご主人が指を鳴らせば，彼は近づいていきます。彼は若いご主人のために質問に答え，詩を引用し，言葉を翻訳し，ゲームをし，もし若い主人が要求すれば，テストもしてあげます。若いご主人が再び指を鳴らすと，彼はもとの場所へ戻っていきます。若いご主人の機嫌を損ねると解雇されてしまうので，彼は必死に若いご主人に満足してもらおうとしているのです。Pedagogueは補助の役割しかしていないので，学習者が学習活動を支配する，学習者主導型学習の比喩だといえるでしょう。

それでは学習者主導型のCALLとコンピュータ主導型のCALLでは実際に学習する時，どのような点が異なるのかを考えてみましょう。まず学習者主導型のCALLには以下のような性格があるとされています。

・プログラムに文法の練習問題が少ない
・ヒントがある
・学習者が活動を支配する
・プログラムの内容を思い思いの仕方で勉強できる
・学習者は与えられる課題をやりがいがあると感じる

一方コンピュータ主導型のCALLには以下のような性格があります。

・プログラムのなかに文法の問題が多い
・プログラムが学習者の誤りを指摘する
・プログラムが学習の活動を支配している

・教えられる内容は学習者にふさわしくなく，レッスンは前もって決定されている
・学習者は課題を義務と考え，あまりやりがいを感じない

以上のような項目を参考に，自分が行なっている，あるいは行おうとしているCALLがどれくらい学習者主導型の性格に当てはまっているか，それともコンピュータ主導型の性格に当てはまっているかを考えてみて下さい。

しかし，もしかすると自分が行なっているCALLはある程度どちらの性格にも当てはまっている，とおっしゃる方があるかもしれません。それは当然のことです。むしろ完全に学習者主導型のCALLや，完全にコンピュータ主導型のCALLのほうが珍しいともいえます。そのような時はどうしたらいいのでしょうか。Carol Chapelleという研究者も実際にCALLプログラムを使ったドイツ語の授業をこの2種類に分類してみて，これらの分類が曖昧だということを示しています。ある活動は大体学習者主導型だったりはしますが，様々な活動をはっきりと分類していくことは実際には不可能なのです。そこでChapelleは学習者とコンピュータのやり取りをもっと細かく具体的に見ることを提唱しています。そうすれば学習者とコンピュータの間で実際に何が起こっているのかが明らかになる，というのです。確かに，マルチメディア教材で何ができるかということよりも，実際にその教材を使って何が行われているかを調べなければ教材が私たち学習者に与える効果を測ることはできないので，彼女の主張はもっともだと思われます。

それではChapelleはどのようにCALL活動を具体的にとらえたのでしょうか。彼女の優れた点は，人間とコンピュータの間の一つ一つのやり取りを全て記録して，その内のいくつかを組み合わせて，その組み合わせがどのような意味を持つかを後から検討したことです。具体的に見てみましょう。最初に人間とコンピュータの一つ一つのやり取りを一つのmove（動き）として記録します。moveには以下のような種類があります。

・initiate（始める）…コンピュータがヘルプを表示したり，「終了します

か」と聞くなど何かを尋ねること。

- respond（応える）…人間がコンピュータの質問に応えること。
- obey（従う）…コンピュータが人間の指示に従うこと。
- follow up（フォローアップ）…コンピュータが人間にヒントを与えたりすること。
- choose（選ぶ）…人間が課題などを選択すること。

その次にそれらのmoveを三つ組み合わせて，一つのexchange（やり取り）として記録します。exchangeには以下のように3種類あります。

- initiate + respond + follow up＝teaching（教える）
- initiate + choose + follow up＝focusing（焦点を当てる）
- initiate + choose + obey＝framing（やり取りを終了する）

そしてこれらのmoveやexchangeを使って人間とコンピュータが行なった動作を全て見ていきます。このような方法で人間とコンピュータのやり取りを見れば，「学習者主導型かコンピュータ主導型か」という分類よりも明確にCALL活動をとらえることができます。例えば自分がCALL活動で行なったことをこのように記録しておいて，後から見直し，自分の学習スタイルや弱点を発見することもできるでしょう。また，研究者や教材作成者の立場から考えると，このような記録法によってマルチメディア教材の弱点や改良すべき点を発見することができ，よりよい教材を作成することができるようになります。なぜならこのように記録することによって，それぞれの学習者の具体的な行動（例えばある人はマルチメディア教材にヘルプ機能や文法説明機能がついていても全く見ていないとか，ある人は正解にたどり着く前にCALLを終了してしまい，他の人は正解するまで続けるなど）が明らかになるからです。

(d-2) 学習する人の頭の中で何が起こっているか

それでは，例えば上で紹介したようなCALL記述法を使ってCALL活動が記録され，その性格が明らかになったとします。その時にどのような観点からそれを評価すれば良いのでしょうか。上にも述べたようにコンピュータ主導型のCALLと学習者主導型のCALLでは学習者主導型のCALLが望ましいでしょう。その理由は，学習者主導型のCALLはコンピュータ主導型のCALLよりも私たちの活動を支援してくれるので，私たちはより学習がしやすいからです。しかし本当はただ学習しやすければ良いわけではありません。つまり，学習者主導型のCALLなら何でも良いというわけではないということです。学習しやすいことと並んで必要なのは，CALL活動によって学習者の認知過程（頭の中で起こっている過程）が支援されて学習が促進される，ということです。ただし認知過程は目に見えません。ですからそれが教材によってどれくらい助けられているかを測ることは難しいでしょう。しかし「認知過程が支援されることが重要だ」と意識するだけでも，教材に対する評価は変わってくるはずです。

Nick C. Ellisという研究者はコンピュータが人間の認知活動（頭の中の活動）を助ける一つの良い例を示しています。Ellisは単純な暗記のような浅い認知処理（頭の中で行われる処理）よりも，文章を読むことのような深い認知処理は単語を長く記憶することを助ける，と示した上で，コンピュータはその深い認知処理をさらに助けることができると指摘しています。それは第2節で紹介したドイツ語学習用の*CyberBuch*と同じような，外国語の文章をコンピュータ上で読みながら分からない単語の意味をクリック一つで瞬時に知ることができるプログラムによって可能となります。彼はそのようなプログラムについて以下の4つの利点を挙げています。1つは語の意味を簡単にすぐ調べることができるので，文章を読んでいるときの理解の流れを妨げないということ。2つ目は読んでいる文章と辞書の定義を画面の上で隣に並べて同時に見ることができること。3つ目は語の用例を示すことができるので，微妙な意味の使い分けが分かりやすく，そのことが単語を長く記憶することにつながること。4つ目はまさにその文脈における単語の意味を知ることができ，これも単語を長く記憶することに役立つこと。つまりこれらの利点は全て「文章を理解する」という深い認知処理を助け，そのことによって単語の理解は深まり，単語を長く記憶することを助けているというのです。

このような人間の認知過程（頭の中で起きている過程）を助けるマルチメディア教材は私たち学習者の目的に適していると思われます。なぜなら私たちの目的は学習すること自体ではなく，学習によって知識や能力を身に付けることだからです。つまりいくら学習に取り組みやすい教材を使っても，それによって認知過程が助けられなければ知識や能力の獲得は難しいのです。ですから私たちの認知過程に基づいて作られたマルチメディア教材を選択することが望ましいと思われます。理想的には，その教材を使った後でどれくらいの知識や能力が身に付くかが説明されていたり，その教材で学習している時に頭の中でどのような処理が行われるかを図に表してあると良いでしょう。そこまでは無理としても最低限必要なのは，私たち学習者の認知過程を考えて教材が作られているということです。教材の作り手の事情（作り手にどれくらいの技術があるか，とかどうすれば効率よく作れるかなど）がそれに優先されてはいけません。現在のところ私たちは認知過程がどれくらい教材によって助けられているかを正確に測ることはできませんが，そのことに注意を払うことは重要だと思われます。

以上のように考えていくと，(d）の「学習効果があるか」という問いに対して，以下の2点がマルチメディア教材を評価するために重要な考え方だといえます。

（1）マルチメディア教材を使った時の自分の学習活動をよく見て，学習活動が助けられているかを考える。
（2）マルチメディア教材がどれくらい認知過程（頭の中で起きている過程）を助けているかに注意する。

これまで述べてきたような点に注意すれば，少なくともその教材が何となく良い・何となく悪いというだけではない評価基準を得ることが出来るでしょう。

以上，「良い」マルチメディア教材の選択のポイントをまとめると以下のようになります。

[マルチメディア教材の選択のポイント]

(a) マルチメディアらしさがあるか
(b) 使い方が分かりやすいか
(c) 内容が面白いか
(d) 学習活動を助けているか。また，学習する人の認知過程を助けて学習を促進させているか

3. マルチメディア教材の選択と使い方

3.1 マルチメディア教材の選択

第２節の始めでも述べたことですが，全ての人にとって「良い」マルチメディア教材はありません。これまでに述べてきた選択のポイントを一つずつ確認することで，自分が目的とする学習にふさわしい教材を選ぶ際に参考になるでしょう。

また教材を選ぶ際には学習するときの好みを考えることも大切です。自分にとってどのような学習がやりやすいか，あるいは最も効率が上がるかということを考えてみましょう。

ここに学習する人の性格について，Jan L. Plassらによる興味深い実験があります。これは第2節で紹介したChunとPlassの*CyberBuch*を用いたその後の研究です。今回はPlassらはまず被験者を絵の好きなグループと言葉の好きなグループに分けました。絵の好きなグループに分類された被験者は知らない単語の意味を調べる時に画像や動画を利用する傾向があり，言葉の好きなグループに分類された被験者は知らない単語の意味を文字で調べる傾向がありました。そして両方のグループに文章を読んでもらった後，単語の理解をテストしました。その結果，絵の好きなグループに分類された被験者は画像や動画と共に単語が提示されたときに正解率が高く，言葉の好きなグループに分類された被験者は文字による定義と共に単語が提示されたときに正解率が高かったのです。これは語彙習得に関する研究ではありますが，人によって得意とする学習方法が異なることを示す良い例でしょう。つまりマルチメディア教材の選択には自分の目的や性格をよく考慮することが重要なのです。

3.2 マルチメディア教材の使い方

マルチメディア教材は学習する際の道具にすぎません。ですからどんなに立派な道具を選んでも目的に合った使い方をしなければ意味はありません。今私たちの目的は教材によって英語の学習効果を高めることなので，私たちは私たちの認知活動（頭の中で起きている活動）を助けてくれるような教材を選ぶとともに，その効果を最大にできるような使い方を工夫するべきでしょう。

再び語彙習得を例にとってみましょう。(d-2) で紹介したEllisという研究者は語彙習得に効果的な，間隔効果とテスト・思い出し練習効果（英語ではspacing effectとtesting and the retrieval practice effect）を示し，これをCALLプログラムに利用することを提唱しています。簡単に言うと，間隔効果は短期間でたくさんの単語を覚えようとするよりも，覚える間隔を空け，長期間かけて覚えた方が長く記憶に残りやすいということです。例えば一日に30分かけて覚えるより，10分ずつ3日かけて覚えた方が効果的なのです。一方，テスト・思い出し練習効果は，「思い出す」という行為自体が単語を長く記憶するのに役立つということです。つまり単語のテストをしてもらって単語を思い出すことで単語を長く記憶することができるのです。これは我々の経験に照らしても納得のいく話ではないでしょうか。Ellisはさらにテストの実施はだんだん間隔を長くしていくのが良いことも指摘しています。これはテストを3日ずつ間を空けて4回してもらうよりも，当日・1日目・3日目・8日目にテストしてもらう，というようにだんだん間隔を長くして行う方が語彙習得に効果的だということです。

語彙習得に効果的だと分かっているのに，間隔効果やテスト・思い出し練習効果を利用した学習は実際にはほとんど行われていませんでした。その理由の一つに，スケジュールの管理が複雑で難しくなってしまうことが考えられます。しかしEllisはコンピュータの計算能力を使えば，そのようなスケジュール管理は容易に行えることを示唆しています。

たしかにEllisの主張は説得力があります。しかしそのような理論に基づくプログラムが組み込まれたマルチメディア教材は少ない，というのが実状ではないでしょうか。特に今回主に取り上げているCD-ROM教材は使い方が学習者に任されているところが大きいので，学習者のスケジュール管理までプログラムされているものは少ないようです。しかしもし私たちが上に述べたような学習効果を知っていれば，手持ちの教材で使い方を工夫することもできるのではないでしょうか。私たちは複雑な道具ほど価値があると思ってしまいがちですが，簡単な道具でも上手に使えば十分役立つことがよくあります。複雑な教材やプログラムを利用するのもよいのですが，自分の学習を機械任せにせず，身近にある教材を自分なりに活用していくような姿勢も大切だと思われます。(このような姿勢から考えられた具体的なマルチメディア教材の活用例を知りたい方は，Tim Boswood（1997）*.New Ways of Using Computers in Language Teaching.* Alexandria, VA: TESOL Publicationをご覧ください。これは教師用の本ですが，個人の学習にも十分役に立つと思われます。また私たち学習者の側から先生方にこんな学習をしてみたい，と提案しても良いかと思われます。)

もう一つ注意すべきことは，使い方を工夫するといっても道具にはそれに適した使い方があり，それを全く無視した使い方はしない方がよいということです。それは金槌を缶切りの代わりに使っても意味が無いのと同じことです。ここではマルチメディア教材の用途を大まかに教室学習用・個人学習用に分け，それぞれの特徴を考えます。教室学習用・個人学習用とはいっても教室学習用の教材を個人が使うのは良くないとか，個人学習用の教材を教室で使うのは良くない，ということではありません。ただ両者の性質を考慮し，便宜的にこのように呼び分けています。それぞれの性質を知った上でその教材をどのように活用するかはその人しだいです。またこのように呼び分けることによって，教材の優劣を決めようとするわけでもありません。もしかすると個人学習用の教材の方が親切だから教室学習用の教材よりも優れている，と感じられる方があるかもしれません。しかし単純な道具ほど上手に使えば様々な目的に利用できるように，少々不親切でも中身のしっかりした教室用の教材は多くの可能性を持ってもいるのです。

まず教室学習用・個人学習用の教材の特徴を述べます。教室学習用の教材には以下のような特徴があります。

- 面白味に欠ける場合もあり，必ずしもその教材だけで学習意欲をかきたてるとは言えない。しかし，強い目的意識を持っている場合は別である。教室で使用する場合は，例えば練習問題をグループで解かせたり，競争にしたりすると面白くなる。
- 使い方が少し難しい，あるいはどのように使うべきかはっきりしない場合もある。どちらかというとその教材をよく知っている人の支援を受けた方が学習しやすい。
- 学習のための素材が豊富で様々な使い方ができる。例えばリスニング強化用の教材であれば，多くのビデオ付き会話が含まれているなど。また，たとえその教材に付いている練習問題が自分のレベルに合っていなかったり，問題数が少なくとも，教材の素材を使って自分で練習問題を工夫することができる。教室で使用される場合は，教師がその素材に基づいて問題を作ることもできる。

次に個人学習用の教材の特徴は以下のようなものです。

- その教材だけで勉強する気を起こさせる。つまり教材の内容や問題の出し方が面白く，学習する人を引き付けることができる。
- 使い方が簡単で，どのように使うべきかわかりやすい。
- 使い方が決まっているので，もし教材についている練習問題のレベルが自分に合っていなかったり問題数が少ないと，学習効果があまり期待できないこともある。

以上のような特徴を簡単にまとめると表1のようになります。

	教室学習用の教材	個人学習用の教材
学習意欲	あまりかきたてない	かきたてやすい
使い方の難しさ	難しい場合もある	簡単・分かりやすい
使い方の柔軟性	いろいろ工夫できる	大体決まっている

表1．教室学習用・個人学習用マルチメディア教材の比較

4. マルチメディア教材の紹介

3.2に示した教室学習用・個人学習用教材の特徴を考慮し，それぞれに適切と思われるマルチメディア教材を一つずつ取り上げ，なるべく詳しく紹介したいと思います。ここでの主な目的はこれらの教材を紹介すること自体ではなく，他の教材を評価する際の基準として参考にしてもらうことです。他のマルチメディア教材を自分で探したい方は，Yahoo!（http://www.yahoo.com），AltaVista（http://www.altavista.com），goo（http://www.goo.ne.jp）などのサーチ・エンジンを利用すると良いと思います。その他には，例えば外国語の学習者やその教師のための，TESLというサイトにも情報が載っているので，参考にすると良いでしょう。これは，

http://www.aitech.ac.jp/ iteslj/

にあります。またハワイ大学のウェブ・ページにもたくさんのソフトウェアを紹介するサイトがあるので，これも参考になるかもしれません。これは，

http://nts.lll.hawaii.edu/flmedia/languages/english.html

にあります。（もしうまく表示されない場合は，http://nts.lll.hawaii.edu/からたどってみてください。）

CD-ROMの形ではなくインターネット上でダウンロードできるソフトウェアもあります。フリーウェアやシェアウェアと呼ばれているソフトウェアです。

フリーウェアというのは文字どおり，無料でダウンロードできるもので，シェアウェアはダウンロードした後で料金を払います（しかし安価な場合が多いようです）。これらのソフトウェアもサーチ・エンジンで探すことができます。また，wwwで学習することのできるホームページもあります。例えばデイリーヨミウリ・オンラインのサイトでは目的別にたくさんのホームページを紹介してあるので便利です。これは
http://www.yomiuri.co.jp/wp4el-e/wp4eltop.htm
にあります。

次節では，教室用の教材として*Focus on Grammar*（*Advanced Level*），個人学習用の教材として*New Dynamic English*（*Level 4*）を取り上げ，内容の紹介をし，第２節で提案した基準にしたがって評価をします。またそれぞれの教材の製品情報も提示します。

4.1 教室学習用のマルチメディア教材

Focus on Grammar（*Advanced Level*）

[内容]

*Focus on Grammar: An Advanced Course for Reference and Practice*という教科書に基づいて作成された教材なので，使ってみるとまるで文法の本を開いて勉強しているような感じがします。名前の通り文法を中心にしてリーディング・リスニング・ライティングの練習ができます。構成はしっかりしていて分かりやすく，どのパートからでもどのような順序でも練習ができます。

この教材は文法項目ごとに９つのパートからなっています（例えばPart1は動詞句についてです）。それぞれのパートは2つから４つの同じ構造を持つユニットに分かれていて，パートの終わりには復習問題が付いています（図１参照）。

各ユニットの画面には常に選択用ボタン・Grammar Notes・Grammar

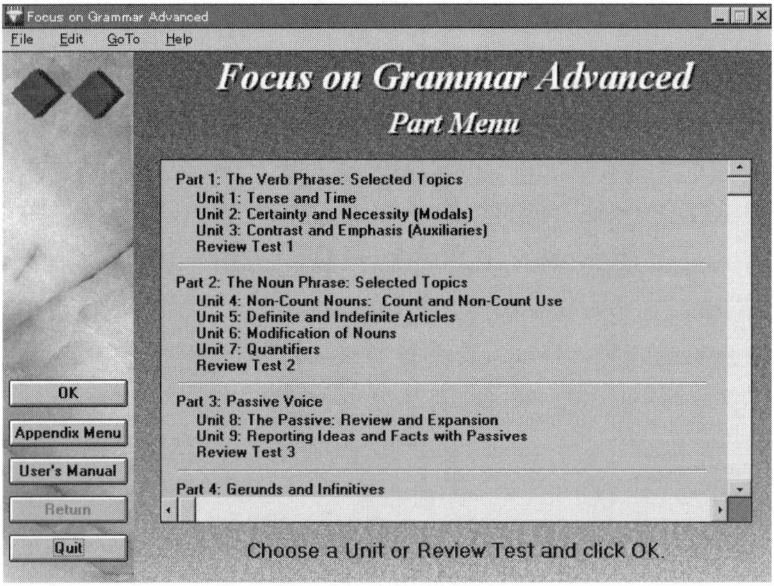

図1 *Focus on Grammar*の最初の画面

Charts・パートごとの画面に戻るボタン・一画面戻るボタン・終了ボタンが表示されていて，使いやすくなっています（図2参照）。Grammar Notesを開くとそのユニットの文法事項の説明が現れます。Grammar Chartsを開くと小さいウィンドウが現れて，いくつかの文法規則を分かりやすくまとめた表を見ることができます。これらの文法説明は明瞭でよいのですが，これを読んだだけで文法事項が習得できるとは思えません。やはり，教師の適切な補足説明が必要です。

また全てのユニットには「文法発見」・「練習」・「リーディング」・「リスニング」・「ライティング」という5つのパートがあります。「文法発見」には「認識」と「特定」の2つのセクションがあって，それぞれ文法を自分で発見し，文章の中からその文法事項を抜き出すようになっています。これは，文法は説明されるのではなく自分で発見した方が身に付きやすいという考えによる練習だと思われますが，学生が文法事項を発見できなかった場合には，教師がヒントを与えることが必要となるでしょう。

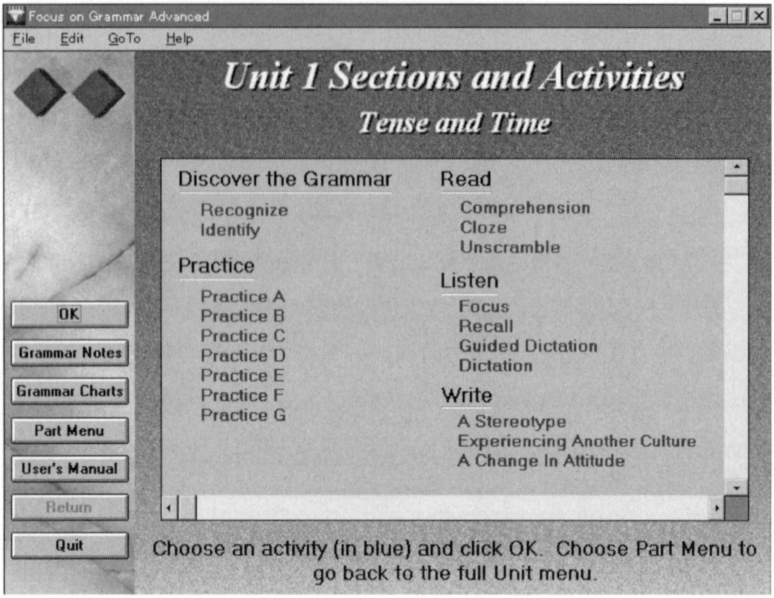

図2 パート1のユニット1

「練習」ではそのユニットの文法事項に留意した穴埋め問題や間違い直しなど，５つの異なった練習ができます。たくさんの問題があるのは良いのですが，ずっと続けていると単調で飽きてくるので，自分の好きな問題を選んで解くか，教師の適切な指導があるとよいでしょう。

「リーディング」では，ウィンドウに現れた文章を読み，内容について4択で正しいものを選ぶ，一まとまりの文章の穴埋めをする，ばらばらの単語を正しい順序に並べるといった練習ができます。このように一つの文章について3種類の練習が出来ることは素晴らしいと思います。しかし文章を読んでいて未知の単語に出会ったときすぐ検索できるような電子辞書がついていると，もっと価値が高まるでしょう。この電子辞書の利点については第2節（a）で紹介したChunとPlassによる研究や，（d-2）のEllisの研究に示されている通りです。わざわざ紙の辞書を使うのはマルチメディア教材の利点を活かしていることにはなりません。

図3 穴埋め式ディクテーションの一場面

「リスニング」では英文を聞き，聞こえたトピックを選択したり，4つの文章から正しいものを選ぶ練習をします。またリスニングのパートで特に素晴らしいと思われるのは，ディクテーションです。このディクテーションには2種類あり，一つは文の所々に穴があいていてそこに聞こえた単語を打ち込むもので（図3参照），もう一つは文の全てを聞いて画面に打ち込むものです。どちらも正解の部分は緑色の文字になり，不正解の部分は穴として残される，という親切なフィードバックが与えられます。特に文の全てを書き取る練習は，冠詞も含め全ての単語を正確に聞き取ることが要求されるので，かなり高度な練習となっています。スペリングの練習も同時にできるので，この部分だけ取り上げて勉強しても面白いでしょう。

他のパートに比べて特に教師の支援が必要なのは「ライティング」のパートです。ここでは5つくらいのトピックが用意されていて，それについて少なくとも3段落以上のエッセイを書くこと，またそのユニットの文法事項を出来るだけ使いなさい，という指示が与えられている他は何のフィードバックも与えられません。つまり学生のライティングの評価は各教師に任されているのです。

*Focus on Grammar*は全体として練習問題・リーディングやリスニングの素材の数・種類ともに充実していて，教室で補助的に使用するのに大変良い教材だと思われます。また不規則動詞表や発音記号表（イギリス式）・不可算名詞の表など，２５種類もの参考資料がついていて，それらは印刷して使用できるので便利です。ただし学生が一人で全てを勉強するのは難しく，また面白くてどんどん引き付けられるという種類の教材ではないので，教師の協力があった方がよいかもしれません。

[評価]

(a) マルチメディアの特性が適度に活用されている。

(b) 使用方法は分かりやすいが，教材自体が学習の流れを作らないので，一人で学習するには少し負担が大きい。

(c) 全体として長く学習者をこの教材に引き付けるには無理がある。しかしその一部，例えばディクテーションだけを取り出して学習すれば学習者の興味を引くことができる。

(d) 学習活動をよく支援している。また例えば文法発見の個所など，学習者の認知活動に焦点を当て，それを支援するように設計されていると思われる。

[出版社]

Addison Wesley Longman & Exceller Software

Exceller Software Corporation, 2 Graham Road West, Ithaca, NY 14850

Phone: 1-607-257-5634

Addison Wesley Longman, 10 Bank Street, White Plains, NY 10606

Phone: 1-914-993-5000

[必要なシステム]

表2を参照.

Windows	Macintosh
1. 386SX-based PCs or higher with a CD-ROM drive	1. Any color Macintosh with a CD ROM drive
2. sound blaster-compatible sound card	2. 4 MB RAM running System 7.0 or higher
3. 4 MB RAM running Windows 3.1 or above	3. Accelerated for Power Macintosh

表２． *Focus on Grammar* に必要なシステム

[入手方法と価格]

Exceller Software Corporationに連絡.

価格： $99

E-mail: exceller@aol.com

Web Page: http://www.exceller.com

4.2 個人学習用マルチメディア教材

New Dynamic English (*Level 4*)

[内容]

New Dynamic English は絵やビデオが非常に効果的に使われていて，楽しみながら学習できます。主にリスニング用の教材ですが，スピーキングもある程度は練習できます。学習者が課題を選べるようになっていますが，全体として学習の流れは決まっていて，どれを学習するべきか分からなくなることはありません。学習する人とプログラムとのやり取りに重点が置かれているのは良いのですが，学習する人が考えている間にコンピュータへ反応を示さないと，“Are you there?" などと問いかけられるので，時々わずらわしい感じがします。使い方が分かりやすいので個人が自分のペースで学習するのに適しています。

ここでは特にLevel4のDisc1を取り上げて紹介します。教材を起動させると「Life Choices（人生の選択）」・「Epidemic（伝染病）」・「Space & Time Sequences（空間と時間の順序）」・「Review Exercises（復習問題）」・「Video Interaction（ヴィデオによる言葉のやりとり）」という5つの選択肢が現れます。これらを好きな順番で学習していきます（図4参照）。

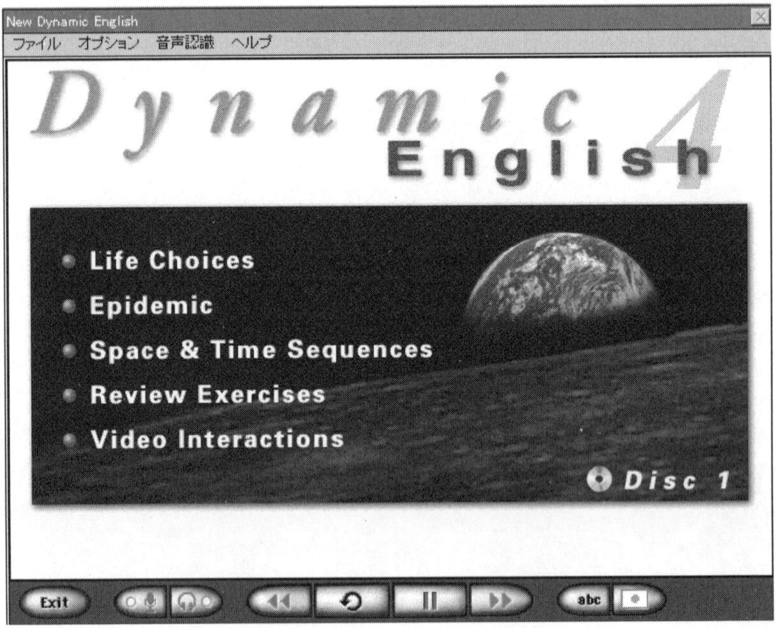

図4 *New Dynamic English*の最初の画面

「Life Choices」と「Epidemic」にはそれぞれ人生の選択について，そして伝染病について4つのトピックがあり，それぞれのトピックに関する英文が流れ，それについての質問があります（図5参照）。英文は途中適当なところで区切られ，質問が流れてきます。学習者にあまりに長い英文を聞かせっぱなしにしておくと集中力がなくなってくるので，時々質問を挟んで緊張感を持続させようとしている工夫は良いと思われます。さらに，英文が読まれているときはち

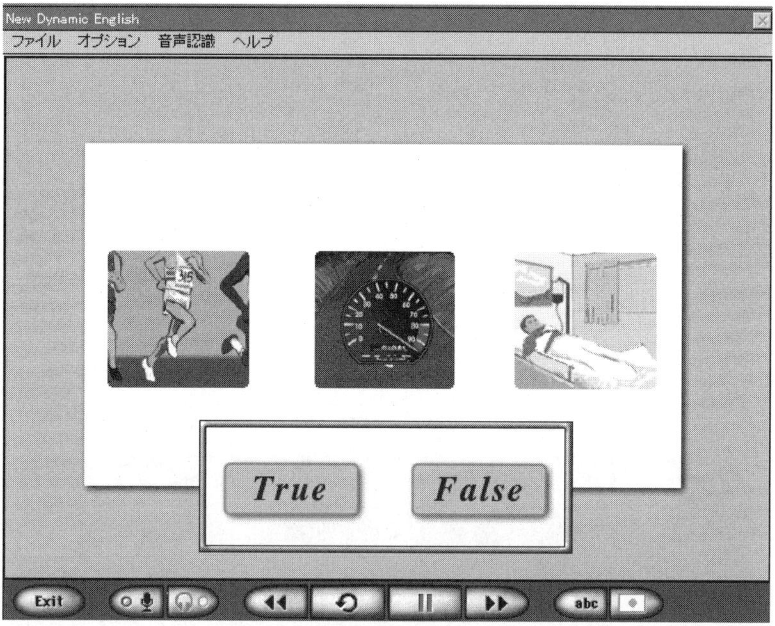

図５ Life Choicesの中の１トピック

ょうど良いタイミングでリスニングのヒントとなるような絵が表示されるので，内容がつかみやすくなっています。また質問に答える際，不正解だともう一度質問や英文が流れてくるのですが，正解したときもただ “Good!” というだけではなく，どうしてそれが正解だったのか内容を繰り返してくれるので，偶然正解した場合でももう一度確認することができます。

各トピックには練習問題が付いています。練習問題では主に文法問題で文の並べ替えなどを行います。問題の数や種類は「Life Choices」と「Epidemic」では異なっていて，そのようにわざと２つを異ならせるのも学習者を飽きさせない工夫なのかも知れません。しかしながら文法説明がなく，文法問題のみがあるということと，リスニングのレベルに比べてあまりにも問題が簡単だということは残念な点です。他に改善すべきだと思われる点は，トピックごとに読まれた英文の全文を文字で表示できるようにしたら，さらに全体の流れを把握でき，リーディングの練習にもなるのではないかということ。そして *Focus On*

*Grammar*で指摘したことと同じですが，知らない単語をひける電子辞書が付いていた方が良いということです。

「Space & Time Sequence」にはものの場所と順序に関するアニメーションによる説明と，スピーキング練習，そしてSpace GameとTime Gameという２つのゲームがあります。これらは文法の習得というよりも日常生活でよく使われるフレーズを素早く認識する練習といった感じです。しかしゲームという名前がついているだけあって，なかなか面白く練習できます。Space Gameは，流れてくる命令通りに5つの台の上に大人や子供を載せるゲームです（図６参照）。時間も限られているので素早い判断を求められます。またTime Gameは流れてくる文の通りに出来事を並べてゆくゲームです。

図６ Space Gameの一場面

「Review Exercises」は「Life Choices」と「Epidemic」で出て来たリスニングを順不同に復習するものです。また「Video Interaction」では場面ごとに（例えばテーブルでの会話など）２人の人々が会話をします。人々の会話・仕種・様子は自然なものになっています。またPresentationで会話を聞き，Interactiveで相手の答える会話を選択する練習もできます。ただし自分で会話を創作することは出来ないので，本当の意味でのコミュニケーションはできません。しかし実際の会話がどのように進行するかを勉強する参考にはなるでしょう。

*New Dynamic English*は全体的に使いやすさを重視し，学習する人とプログラムのやり取りを大切にしようとしているので，教師の支援なしでも学びやすい教材だといえます。この中には様々な練習問題が含まれていますが，この教材のみで文法をマスターしたり，リーディングを強化することは難しそうです。しかしリスニングを強化するには便利でしょう。特に，ただ音声を聞き取るのではなく，まわりの環境（絵や画像など）とともに聞き取ったことを理解するという，より実際の会話に近い状況が実現されているところが良いと思われます。

[評価]

(a) マルチメディアの特性をよく活かしている。

(b) 使用方法は分かりやすいが，少し親切過ぎるきらいがある。

(c) 様々な工夫が随所に見られ，学習する人の興味を引くことができる。

(d) 学習活動をよく支援している。また，認知活動よりも教材と学習する人のやり取りの方に重点が置かれている感じがするが，特にリスニングについては学習する人の認知過程をよく助けているといえる。

[出版社]

DynEd International, Inc.

Web Page: http://www.dyned.com

[必要なシステム]

表3を参照.

Windows	Macintosh
1. Windows 95 or Windows NT	1. Mac OS 7.0 or later
2. Pentium 90 with 16 MB of RAM	2. 8MB of RAM (16MB on PowerPC)
3. 640x480 with high-color 16-bit display	3. 640x480 monitor with thousands of colors
4. Quad-speed CD-ROM drive	4. Quad-speed CD-ROM drive
5. 16-bit sound card and microphone	5. Built-in sound and microphone
6. Speakers or headphones	6. Speakers or headphones

表３．*New Dynamic English*に必要なシステム

[入手方法と価格]

ダインエドジャパン

E-mail: japan@dyned.com

Web Page: http://www.dyned.com/jpn

New Dynamic EnglishはLevel1からLevel4まで，それぞれにDisc1，Disc2があり，全部で8枚のCD-ROMである．価格はCD-ROM一枚で29,800円。

5. まとめ

本章ではマルチメディア教材を選ぶ際のポイント・教材の選び方・使い方について述べたあと，実際の教材の紹介をしてきました。結局「良い」マルチメディア教材とは，第２節で示したような評価基準を満たし，その上で自分の目的や性格にあっているものだということができると思います。そしてマルチメディア教材は学習を助けてくれる道具だということを忘れずに，上手に利用することが重要です。私たちはマルチメディア教材だから何か効果があるはずだと考えるのではなく，自分のニーズにあった教材を選び，厳しく質を問い，賢く教材を使うべきでしょう。

また研究者や教育者の立場から考えると，私たちが本当にマルチメディア教材を活かしていくために，マルチメディア教材を使った英語学習の性質や効果をもっと明確にしていく必要性があります。それらが明らかになれば，マルチメディアの特性を活かし，より学習効果の高い教材を作製することができるからです。このためには，（より良いマルチメディア環境を実現するための）性能の良いコンピュータを開発するだけでなく，人間の言語や認知過程について，あるいは心理学的問題や教育学的問題などについての幅広い研究が必要だと思われます。まだまだ改良すべき点の多いマルチメディア教材ですが，大きな可能性が秘められているので，今後の進歩が期待されます。

インターネットとマルチメディア

後藤　明史

1．はじめに

この章では，マルチメディアについて技術的なお話をしようと思います。といっても難しい話ではなく，インターネットを言語学習に利用するために知っておいた方がよいことをわかりやすく説明していきます。主に次の2つのことを扱おうと思います。まずマルチメディアとは何か，どういう特質があるのかを整理しようと思います。2つ目は現在利用されているマルチメディアの技術についてわかりやすく紹介しようと思います。

2．マルチメディアとは

マルチメディアが，言葉だけでなく具体的なものとして一般の人の目に触れるようになったのは，1990年頃からパソコンにCD-ROMドライブが搭載されるようになり，気軽にCD-ROMを利用できるようになってからでしょう。CD-ROMに大量のデータを記録できることを生かして，子ども向けの動く絵本，写真集や映画のシーン

を収録したCD-ROMが「マルチメディア・タイトル」として数多く発売されました。ここでは，マルチメディアを，「文字，写真，イラスト，グラフ，音声，映像などのデータをデジタル化してコンピュータで取り扱うことを可能とする技術やそれを利用した著作物」と定義して考えていきます。

最近では，コンピュータの性能の向上や機器の価格の低下により，これまで見るだけだったマルチメディアは，一般の人が作ることもできるようになりました。現在では音声をコンピュータに取り込むだけでなく，デジタルビデオ(DV) カメラを直接接続して，映像と音声を取り込むことのできる機種もでてきました。数年前までは数百万円もの機器が必要だったこの機能をパソコン1台だけでできるわけですから，簡単なビデオ作品などマルチメディア作品を個人で制作する環境がとても身近になりました。

最近のインターネット技術の進展により，マルチメディア作品の配布の方法も変化してきました。インターネットにコンピュータを接続するためには，大学や企業では高速なネットワークで接続することが多いですが，家庭では現在多くの場合，電話回線を利用することになります。ISDNというデジタル回線を使うと64Kbps（文字データなら1秒間に400字詰めの原稿用紙約10枚）という速さでデータを転送することができます。これは文字データを転送するには十分な速さです。しかし大きな写真などは一気に表示されずに，上からだんだん表示されることからもわかりますが，写真や音声を含むマルチメディア作品の転送には十分なスピードではありません。しかし，RealMediaのようなデータ圧縮とデータ転送の技術を使えば，テレビ放送のような画質では無理ですが，雰囲気を伝えるには

十分な動く映像（動画と呼びます）を家庭のコンピュータで見ることができるようになりました。

また，ケーブルテレビの回線をインターネットに利用したりDSL（Digital Subscriber Line）という電話回線を利用した新しい技術は，これまでのモデムやデジタル回線を利用した接続よりも，高速なデータ転送が可能となりますから，高画質・高音質になり，より臨場感のある動画を見ることが可能になります。さらに，これらの接続方法では，「電話をかけてインターネットにつなぐ」という作業が必要なく，コンピュータの電源を入れている間は常にインターネットにつながった状態になります。したがって，ニュースを動画で配信しているサイトにアクセスし，仕事をしながらインターネットでニュースを見るなど，テレビを見るように「インターネットを見る」ことができるようになります。こういったことが進むと，インターネット利用の量的な変化と共に質的な変化をもたらすことになると思われます。

2．1　マルチメディアの特質

マルチメディアとは何かということを，考えるためには従来からあるメディアと比較して考えてみるとわかりやすいでしょう。といっても，グーテンベルクの印刷機の発明や，さらには文字の起源にまでさかのぼって考えるとかえってわかりにくくなってしまいますので，今日，多くの家庭に普及しているビデオテープレコーダ（以下VTR）でビデオテープに録画記録するいわゆるビデオと，マルチメディアとはどう違うのか比較してみましょう。

ビデオもマルチメディアも以下の点ではとても優れたメディアです。

・反復性-繰り返して見る聞くことが容易です。これは学習に利用する場合，学習者が人の手助けを借りず，自分だけで満足できるまで利用できるという点でとても重要なことです。

・保存性-ビデオテープやCD-ROM，DVDなどの光ディスクに適切に保存すれば，ある程度の長期間（数十年）の保存が可能です。

・自作性-一般の人がビデオの編集は撮影に利用したビデオカメラの他にVTRが1台あれば可能です。タイトルを入れたり，画面の転換に少し凝った画面効果を使うための機器は，簡単なものなら数万円から十数万円で入手できます。数年前までは，マルチメディア作品，特に動画を利用した作品を自作することは経済的に難しいことでした。今ではデジタルビデオカメラとノートパソコン1台でかなりのことができるようになりました。制作する人が自分一人で，番組の企画を考え，取材，撮影はもちろん，動画編集ソフトウェアを利用すれば，画面上に字幕を入れたり，画面効果を利用する編集など簡単にできます。

ビデオと比較して，マルチメディアが優れている点は以下のようにまとめられます。

・複製-DV方式でない（アナログ方式のVHS方式などの）ビデオではダビングをすると少し画質が悪くなりますが，いくらでも複製を作ることができる点では同じです。しかしマルチメディアはデジタルのデータですから，複製作業の過程で，画質や音質が劣化することが理論上ありません。逆にコピーが簡単に高品質にできますから，著作権などにこれまでにも増して配慮していかなければなりません。

・分配方法-ビデオは人に見てもらおうと思ったら，ビデオテープを手渡しや郵送で送ることになりますが，マルチメディアはインターネットを使えばサーバのアドレスさえ伝えれば済みます。自分のビデオ作品を多くの人に見てもらうためにテレビ放送で流してもらうことはできません。これに対して，いわゆるインターネットでマルチメディアを配信することは現実的な資金で始めることが可能です。あなたの考えを英語でスピーチして，インターネットで配信し，世界の人々と意見交換することもすでに可能なこととなっています。

・互換性-多くの家庭にVHS方式のVTRが普及しているわけですから，一見ビデオには互換性の問題がないように思われます。しかし，海外で録画されたビデオテープを再生しようとすると，問題が起こることがあります。実は見た目には同じVHSのビデオテープなのですがや，ビデオテープに記録する電気信号の方式に違いがあります。大きく分類すると3種類あります。これは，テレビの普及した時期の世界の政治・経済の状況を反映しています。世界で標準的に使われているPAL（パル）方式，アメリカ，日本，韓国をはじめとしたアメリカの政治経済の影響を強く受けている国々で採用されているNTSC（エヌ・ティー・エス・シー）方式，フランスや旧共産圏の国々で採用されているSECAM（セカム）方式の3方式があり，普通これらはそれぞれの方式の専用のVTRとテレビモニタでしか録画や再生ができません。たとえば，日本国内で販売されているビデオ機器はNTSC方式のものですから，これで録画したVHSテープをPAL方式の機器を採用している中国に持っていった場合，音声も画像も正常には再生できません。逆もまた同様です。マルチメディアの場合はどうでしょう。インターネットが登場する以前は，コンピュータの機種や利用しているソフトウェアによりファイル形式が違っていたりして，互換性という点では問題がありました。しかし現在では，文字情報や静止画を見るという点ではNetscapeCommunicatorやInternetExplorerといったウェブブラウザを利用することで，コンピュータの機種による差はほとんどありません。また，QuickTimeやRealMediaなどの複数の機種で利用が可能なファイル形式を利用すれば，動画などの情報を受け取ることができます。もちろん，このファイル形式は世界共通ですし，コンピュータで見るわけですから，VTRやテレビは必要ありませんので，その国のビデオの記録方式に関係なく見ることができます。インターネットによるマルチメディアの利用には国による違いを考慮しなくてもよいわけです。

・インタラクティブ（相互作用）性-マルチメディアでは，利用者がデータを入力したり，動画と文字を関連づけて提示したりすることも可能です。ビデオではどうでしょう。テレビ番組がそうであるように，視聴者がストーリーを選択したりするインタラクティブなものは作成することは困難です。また，テープに記録しますから，順番に見る分には都合がよいのですが，テープの巻き戻し，早送りには時間がかかりますし，正確な頭出しは難しいですから，見る側が内容に応じてインタラクティブに順番を替えて見ることはやはり難しいです。マルチメディアを利用した教材ではこのインタラクティブ性を活用して，学習者のニーズや興味に即した学習ができるように考えられた物が数多くあります。

逆に従来のビデオの方が優れている点は以下のようにまとめられます。

・長時間記録-ビデオテープは長時間の録画が可能です。１８０分記録できるVHSのテープを，画質は多少悪くなりますが３倍モードで録画すれば，連続で９時間記録できます。テレビ番組を20時間くらい録画出来るコンピュータも発売されていますが，ビデオテープを交換するような簡単な操作で，20時間を超えて長時間録画することはまだ出来ません。

・経済性-ビデオを録画するためのVHSのビデオテープは非常に安価です。マルチメディアを保存する方法としてはCD-ROMなどのディスクに記録する方法があります。最近DVD方式のディスクに記録する機器が発売されましたが，ディスクの値段はビデオテープの１０倍くらいします。

これらのマルチメディアが不利な点は，技術の進歩や機器の価格の低下に伴って少なくなってゆき，いずれはなくなっていくものと考えられます。しかし，それまではビデオとマルチメディアの特性を理解し，使い分けることが有益です。

3．マルチメディア技術

これから，マルチメディアを支える技術的な話をしましょう。テレビを見たり自動車を運転するときに，なぜテレビは映るのかとか，どういう仕組みで自動車は走るのかなど，多くの人は全く気にしません。テレビや自動車は，数十年の歴史を持ち非常に高い完成度と信頼性の仕組みを持つに至りました。それに比較して，インターネットやマルチメディアの歴史は浅く，技術的には日進月歩で進んでいます。言い換えると，技術的な完成度は低く，仕組みとしての信頼性も十分とはいえません。たとえば，近距離の郵便でしたら翌日に届きますし，テレビ局が突然放送をやめたりすることはありませんが，電子メールが何日も遅れて配達されたり，昨日までアクセスできたウェブサイトが急に閉鎖されたりということを経験した人も多いのではないかと思います。

したがって，初期の自動車を運転するためには，ある程度自動車の技術的な知識が必要だったように，インターネットやマルチメディアの最低限の技術的な知識を持つことは，これらを利用して英語学習をしようとする人にとっては有意義なことです。

3．1　データの圧縮と伸張

家庭でインターネットを利用するためには，現在では多くの場合電話回線を利用しています。電話回線でやりとりできるデータ転送速度は，マルチメディアを利用するのには十分には満足できるものではありません。データ転送速度が遅いということは，データを利用できるようになるまでに時間がかかるということになるます。わずか１０秒の動画を見るために数分もデータ転送にかかっていては見る気がなくなってしまいます。そこで，データを圧縮・伸張する技術を用いて，転送するデータの量を減らすことにより，データ転送の遅さを補っています。

携帯電話を通して聞こえる相手の声が，ずいぶんと機械的な音声で聞こえる

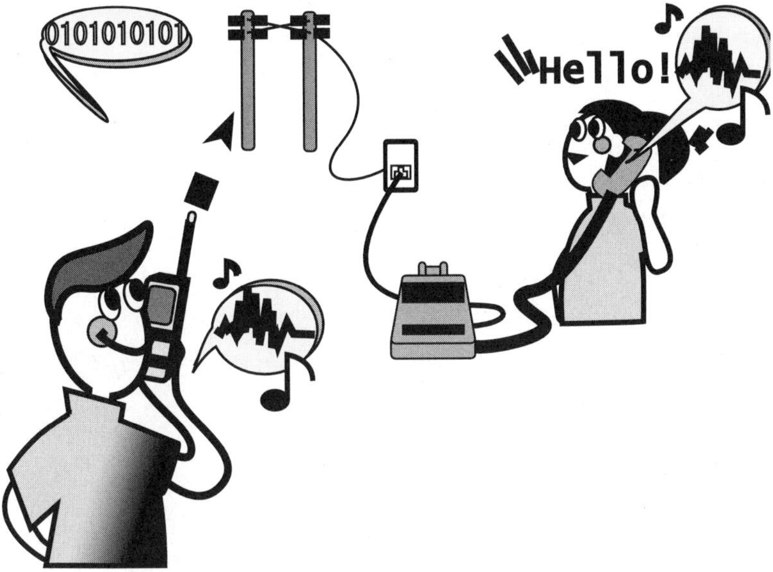

ことに気づいていると思います。また，ファックスを送るとき，機械が原稿を読む速度が原稿により変化していることも体験していると思います。白い何も書いていない部分では速く，文字や画が多くある部分では，遅くなっています。携帯電話やファックスは，送る音声や絵のデータを一度デジタル化した上で，相手の機器にそのデータを転送し，それを受け取った機器が，そのデータを音声にしたり紙に印刷し人間が分かる形に戻します。このときにデジタル化したデータをそのまま送るのではなく，電話なら何をいっているか聞き取れる，ファックスなら内容が読めるという実用上支障のない範囲でデータを減らして送っているのです。携帯電話でしたら通話で使用する電波の使用範囲を狭くして，同時に利用できる人を増やすことに使われますし，ファックスでしたら素早くデータを送ってしまい電話代を節約することになるわけです。こういうことをデジタル・データの圧縮といいます

データを決められた形式で圧縮し保存することをエンコード（encode），逆に圧縮済みのデータを，手元のコンピュータで利用できるように伸張（通称，

解凍ともいいます）することをデコード（decode）といいます。

データを圧縮するには２つの考え方があります。エンコード前のオリジナルのデータとそれを転送しデコードしたデータが全く同じものになるような圧縮方法を可逆圧縮またはロスレス（lossless）圧縮といいます。電子メールなどの文字情報は，圧縮・伸張によって内容が少しでも変わってしまってはまずいので，これらを納めたファイルは，可逆圧縮をして転送します。コンピュータ・プログラムを転送する場合もこの圧縮方法が用いられます。

これに対して，オリジナルのデータのデータの特徴を損なわない範囲で不要と判断したデータを切り落とすことにより，データ量を減らす方法があります。当然エンコードの前後ではデータは完全に一致しません。この方法を非可逆圧縮またはロッシー（lossy）圧縮といいます。マルチメディアでは，一般に，この非可逆圧縮方式が採用されています。

非可逆圧縮方式ではデータ転送量を減らすために圧縮を強くかければかけるほど，その代償として伸張後のデータの品質が悪くなります。たとえば動画ならば，動きがぎくしゃくしたり，映っているものがぼんやり見えることになりますし，音声ならば不明瞭なものになってしまいます。インターネットを利用して見る動画が，テレビ放送のようにスムーズに動かず，音声も鮮明でないの

は，非可逆圧縮を利用していることが一因です。マルチメディアを言語学習用の教材に利用するときには，音声が不鮮明で聞き取りにくいものに注意してください。

3．2　ファイル形式

マルチメディアの優れた特性の１つに互換性がありました。この互換性を実現するためには，マルチメディアを保存するときのファイル形式（フォーマット）が大きな役割を果たしています。現在利用されているファイル形式について簡単に説明します。

写真などの静止画にはJPEG（JPEG：Joint Photographic Coding Experts Group）が利用されています。JPEG形式ではオリジナルのデータ量を1/10から1/100程度まで減らすことができます。GIF（Graphics Interchange Format）では，似た色を同じ色と見なして使用する色数を256色に減らすことでデータ量を抑えます。アニメーションなどのＣＧ，図表，グラフなど色数が限られている図画のファイル形式として利用されています。ホームページの写真や図表にはJPEGとGIFが利用されています。

音声のファイル形式には様々なものがあります。最近話題になるものにMP3（MPEG1 Audio Layer 3の通称，MPEGについては動画のところで説明します）というものがあります。音声のCDのデータ量を1/12に圧縮するものです。現在では，指先ほどの大きさのメモリにCD1枚分の音楽を記録することができます。テープレコーダと異なりモーターなどテープを動かす部分がありませんから，携帯型のプレーヤは，いわゆるウォークマンよりも小型で，電源も長時間持ちする機器が販売されています。

音声ファイルの中でMIDI（Musical Instrument Digital Interface）は少し異色です。コンピュータと電子楽器を接続するための規格として開発されました。楽曲の演奏を楽譜をコンピュータのデータにします。データ量が圧倒的に少ないので利用方法によっては効果的です。たとえば通信カラオケの音楽のデータ転送に利用されています。人間の声は一人ひとり異なり楽譜にできませんので

MIDIでは扱うことができません。

動画のファイル形式としてMPEG（Moving Picture Coding Experts Group／Moving Picture Experts Group），QuickTime，RealMeidaを紹介します。

MPEGには，VTR並の画質のMPEG1，ハイビジョン程度までの画質にすることができるMPEG2，インターネットでの利用を考慮したMPEG4があります。MPEG1はビデオCDに利用されています。コンピュータネットワークを利用したVOD（ビデオオンデマンド，視聴者がメニューなどから見る番組を選択できる）システムでは，MPEG2形式が利用されることが多いですし，次世代のデジタルテレビ放送でもこの形式が採用されています。

QuickTime動画の例

QuickTimeは米Apple社の開発したファイル形式で，マルチメディアの草分け的な技術です。現在では，Macintoshで利用できるだけでなく，Windowsでも利用できます。MPEG2形式などでは現状ではエンコードやデコードをするためにコンピュータの他に専用の機器の手助けが必要なのに対して，QuickTimeを利用するのにはそういう機器は不要です。

RealMediaは，当初はRealAudioという名称でインターネットで音声を転送する技術としてスタートしましたが，改良を重ね，現在では動画を扱えるようになりました。現在インターネットでもっとも利用されている動画のファイル形式です。RealMediaの利用については「インターネットを使ったリスニング」の章で詳しく紹介されています。

3．3　ダウンロードとストリーミング

インターネットが一般家庭に普及しだした頃，データ量の多い動画を見ることは，電話回線を利用していましたから，あまり実用的ではありませんでした。ほんの１０秒の動画を見るために，そのデータを数分かけて転送していまいした。また，コンピュータの処理能力が低かったので，一度データを手元のコンピュータにすべて転送して（ダウンロードという）から動画を再生していました。

動画の圧縮技術が向上し，コンピュータの処理能力が向上してくると，データの転送と動画の再生を同時に行うことができるようになりました。このような方式をストリーミングといいます。ストリーミング方式ではデータのダウンロードの時間待つ必要がありませんから，データの転送が始まると，すぐに動画の再生が始まります。

コンサートやプロ野球をインターネットで中継するようになりました。中継というと簡単に聞こえますが，技術的に考えると中継とは何時間も連続でストリーミングをすることですから，コンピュータの中では動画データの受け取り，データの伸張作業，動画の表示作業を同時にしているわけです。コンピュータの処理能力が向上して初めて可能になった技術ということができると思います。現在では電話回線を利用してインターネットに接続した場合でも，インターネットによる動画の中継を見ることができるようになっています。

必要なプラグインがない場合、右のように表示されます。アイコンをクリックするとプラグインの設定に必要なウェブサイトにつながります。

3．4　プラグインとヘルパー・アプリケーション

インターネット上のマルチメディア作品をNetscapeCommunicatorやInternetExplorerのようなウェブブラウザで利用するためには，それぞれのファイル形式を利用するためのプログラムが必要になることがあります。このような機能のプログラムをプラグインやヘルパー・アプリケーションと呼んでいます。現在配布されているバージョン（4.7）のNetscapeCommunicatorにはRealPlayerのプラグインとアプリケーションが付属しています。対応するプラグインがない場合には，コンピュータのメッセージにしたがってプラグインを配布しているウェブサイトからダウンロードし，使えるようにする必要があります。

4．おわりに

この章では，マルチメディアの技術について簡単に説明してきました。技術の進歩は早く，この章で書いた技術的な説明は数年もすれば古いことになるで

しょう。しかし，インターネットやマルチメディアの仕組みをある程度理解していれば，新しい技術が出てきてもそれに振り回されることはないでしょう。

電子化辞書の活用

外池俊幸

1．はじめに

この章では，出版される数が急速に増えてきた英語の電子化辞書（英和，和英，英英辞典）を取り上げ，その特徴，問題点などを論じます。取り上げる辞書は，CD-ROMとして提供されているもので，多くの場合既に紙に印刷された辞書としてよく知られたものです。単体で使える携帯用の電子化辞書も多数発売されていて，それなりの利点を持っていると考えられますが，この章では取り上げません。

最初に電子化辞書だからこそできるようになったことなど電子化辞書の特徴を取り上げます。次に，電子化されているかいないかに依存しませんが，学習を支援する道具という観点から学習者用英英辞典の記述の充実ぶりにふれます。続いて，入手可能な電子化辞書9個について，その特徴を簡潔に整理して示し，最後に，電子化辞書の将来を考えます。電子化辞書が関係する問題全般に関しての最近までの動きに関しては，Nesi（1999）を参照して下さい。

2．電子化辞書の特徴

まず，電子化辞書の利点は何なのかを考えましょう。

(1) 辞書を引く物理的な負担が軽減される。

特に大型の辞書をページをめくりながら調べる物理的な負担から解放されます。持ち運びが簡単になるという点も見逃せません。ノートパソコンの軽量化もさらに進むでしょう。

(2) 検索が簡単に高速で行える。

そして，電子化辞書の一番の利点だと感じられることは，知りたい単語に関する記述を，高速に検索できることでしょう。電子化辞書をパソコンに乗せて使う場合には，検索にかかる時間がメモリの量に依存するので，適当な量のメモリを装着しないと，検索結果が表示されるまでに時間がかかる場合があるので注意する必要があります。

(3) 英和辞典と和英辞典の両方が同時に使える。

これは紙に印刷された辞書では実現できなかったことで，電子化辞書の大きな利点でしょう。文字列の検索はコンピュータの得意とするところで，それを活かした結果実現したものです。例えば，『ジーニアス英和・和英辞典（CD－ROM版)』で「夢」で検索すると，29項目表示されます。「夢がかなった」などの文も表示されますが，それだけではなく，文字で検索しているので，「夢想する」など，「夢」という文字が含まれていれば，漢字の読みが違うものもリストされます。自分が調べたい文字と関連するものも見ることができ大変便利です。自分が言いたいと思っていることに対応する英語の表現がうまく見つからない時に，日本語で様々に言い換えてみて，それを検索対象語として入力することで，辞書に盛り込まれている情報に該当するものがないかどうかを調べられる環境は，能動的な英語学習におおいに役立つでしょう。

従来の日本における英語教育・英語学習では，入門段階を除き，和英辞典はあまり活用されて来なかったのではないかと考えられます。入門用英和辞典，学習英和辞典と進み，その後は大きな英和辞典か，英英辞典か専門用語辞典，参考書などを活用することが多かったのでないかと思います。しかし，日本語の文字列での検索は，新しい和英辞典の環境を提供できるという意味で，辞書の電子化が引き起こした大きな変化だと言えるでしょう。

(4) 指定の単語を含む用例・成句の検索が可能。

例えば,『ジーニアス英和・和英辞典（ＣＤ－ＲＯＭ版)』では，検索をスクロールして，複合検索を選ぶと，キーワードを複数個（4つまで）指定して検索ができます。この検索を活用すると，自分が言いたいことに対応する英語として自然な表現を探すことが簡単にできます。能動的な英語学習を目指すには，自分が組み合わせた単語列が自然な英語であるかどうかを確認することが重要で，例えば，数えられる名詞なのかどうかが自信がない場合にそれを簡単に確かめられます。toothache と haveという2つの語を入れて検索すると，アメリカ英語では，冠詞を取り，to have a toothacheというという記述が見つかります。また，この複合検索で見つからないとうことは，英語の結びつきとして自然ではない可能性が高いということになります。用例の検索なので，動詞が過去形になるだけで異なった文字列とみなされていることなどが考えられるので，見つからないからと言って，そうは言えないと結論付けるのは危険ですが，この複合検索が役に立つことにはかわりありません。「あなたの名前を教えて下さい。」と日本語では言えます。それを英語にしたTeach me your name. が適切な英語かどうかも調べられます。複合検索で引っ掛からなければ，不自然だと考えないといけません。見つからなければ，nameを検索して，どういう語と結び付くのかを調べる必要が出てきます。既に英語をある程度学んだ人でも，自分が考えた英語の表現が，英語として自然な結びつきかどうかを調べたいことは多いので，それを調べる手段を提供してくれることの利点は大きいと言えます。

(5) 綴りに自信がなくても，前方一致検索で検索が可能。

「前方一致」検索が可能になっているものでは，単語の始めの方を入力すると，その部分を単語の先頭に持つ語がリストされるので，綴りに自信がなくても，最初の方だけ間違いなく覚えていれば検索できます。例えば,『ジーニアス英和・和英辞典（ＣＤ－ＲＯＭ版)』では,「前方一致検索」が可能で，interと入力すると，interで始まる語が235個リストされます。その中から引きたい語を選んでクリックすると，その語の記述部分が出てきます。他にも，前方一致検索以外にもいくつかの検索方法が提供されています。

(6) インターネットにつながった環境で活用できる。

電子化情報を活用するためには，単体のコンピュータに電子化された辞書をインストールして使うだけでは不十分です。インターネットを参照できる環境を作り，WWW上に公開されている情報を活用できるようにしましょう。いくつかの辞書には，インターネット検索という項目が既に提供されています。入力した検索対象語でインターネット上に公開されているテキストを検索できます。

また，WWWに公開されている英語で書かれた文章を読んでいて，知らない単語が出てきて辞書を調べたい場合に，紙に印刷された辞書をモニタから目を離して調べるのは煩わしいので，電子化辞書を利用できるのは便利だと言えます。

(7) 英文ワープロと併用すると，スペリングチェッカが使える。

インターネットを参照できる環境が整っているかどうかとは，可能性の広がりの点ではくらべものになりませんが，英語学習という点では重要なこととして，英文ワープロソフトと併用して，スペリングチェッカとシソーラスを使えるようにしておくことは重要です。英文ワープロと言いましたが，ほとんどの日本語ワープロソフトに，英文ワープロ機能も標準で装備されているので，英文ワープロ専用ソフトを購入しなくても，スペリングチェッカとシソーラスの両方が利用可能です。

スペリングチェッカは，ワープロソフトに付属している英語の辞書に登録されている語かどうかをチェックするというやり方で，スペルのチェックをしてくれます。英語の単語の綴りを，間違って覚えている場合，自分でそれに気付くことは難しいので，ワープロで英語の文章を書いて，スペリングチェッカに掛けるのは，間違いに自分で気付けるいい方法です。綴りを間違えて覚えていたのではないが，間違えてタイプしたものを原稿から見つけ出し，最終原稿からミスタイプを無くすことに，スペリングチェッカが役立つのはもちろんのことです。英語で電子メイルを書く場合にも，出す前にスペリングチェッカにかけて，ミスタイプを無くすことを考えましょう。電子メイルソフトでもスペリングチェッカが標準装備されるものが増えています。

(8) 英文ワープロと併用すると，シソーラス（＝類義語辞典）が使える。

検索機能が付いた電子化辞書と英文ワープロソフトを併用すると，シソーラス（＝類義語辞典）が使えるので，これも電子化辞書と併用して，英語学習に活用して下さい。シソーラスはもともとは，単語を意味的に分類し，近い意味を持ったものは近くに並べて作った，階層構造を持った意味分類の体系のことを言いました。現在では，電子化し，キーワードを入力すると，その語と近い意味の語（句まで含まれることが多い）のリストを表示してくれるようになっています。英語のシソーラスは，英語を外国語として学習している人だけではなく，英語を母語とする人にも，特に作文をする際に，自分が言いたいことを表す適切な語を探すのを支援してくれる道具として役立ちます。試しに，この文章を書いているワープロソフトに付属の類義語辞典で，teachで検索をかけると，educate, instruct, inform, tutor, train, direct, enlighten, school, guideの9語がリストされました。

(9) 表計算ソフトとの併用で，電子版英語学習ノートを作れる。

電子化辞書だけでなくインターネット上に公開されている電子化情報を活用することを考える場合に，紙に印刷された従来の辞書などで使えた下線を引くとか，色を変えたメモを書き込むかなどができないことをどう克服したらよいでしょうか。電子化辞書に付属で単語帳を作れる機能を提供しているのは，そこを考えたものでしょう。そういう環境が提供されていないものもありますから，強力な編集機能を既に実現している表計算ソフトを併用することを考える方が簡単だと言えます。単語帳と言うよりも，電子版英語学習ノートとでも言えるものを作れるわけです。ワープロソフトと併用するのと同様に，1台のコンピュータ上で，表計算ソフトを使い，自分の電子版のノートも作ってしまうことは，自分の学習の結果を残すという意味で重要だと考えられます。

3．学習者用英英辞典

3．1　英英辞典の活用：英和辞典と英英辞典の違い

英語の学習者は，英和辞典と英英辞典の違いをはっきり理解しておく必要があります。2カ国語（対訳）辞書か1カ国語辞書かの違いです。英語と日本語の辞書を考えると，一般に次の三つの区別を考える人が多いでしょう。

(10) a.　国語辞典
　　 b.　英和／和英辞典
　　 c.　英英辞典

しかし，辞書記述が行っていることを考えると，上の三つの区別は以下の二つにまとめ直すことが出来ます。この二つの違いをはっきり認識することが辞書の利用の際には重要です。

(11) a.　1カ国語辞書：国語辞典，英英辞典
　　 b.　2カ国語（対訳）辞書：英和辞典，和英辞典

1カ国語辞書では，ある語の語義を記述すること（語釈を与えること）が，まず求められます。「語義を記述すること」とは，対訳辞書で行われていることと対比して考えると分かりやすいと思いますが，その語がどう使われるか，その条件を記述することだと言えるでしょう。対訳辞書では，ある語がどう使われるか，その条件を記述するのが第一の目的ではなく，対象とされているもう一つの言語で大体同じように使われる語／表現などとの対応をつけることが目

標とされています。

一つの言語の中では，類義語／類義的な表現同士に相互に使い分けがあることが多いので，ある語の使い方を他の類義語との違いを示すことで記述するというのは必要なことでしょうし，学習に役にたつと思いますが，条件を記述するという目標をないがしろにしないという明確な意識は持っていないといけないでしょう。

もう一つの重要な区別は，1カ国語辞典でも，それが母語話者向けか，学習者向けに作られたものかという区別です。

(12) a. 母語話者用辞書
　　 b. 学習者用辞書

日本語の1カ国語辞書は，ほとんどが日本語母語話者向けです。まだまだ日本語学習者の数が少ないのと，英語と比べて，日本語学習の歴史も短いので，日本語を学ぶ学習者向けの日本語の1カ国語辞書で良いものは，これからに期待するしかないというのが現状だと言えるでしょう。それに対して，英語は多くの人が学んだ長い歴史があり，良い学習者向けの英英辞典が既に出ています。ここには，英語を外国語として学ぶ人のための情報がふんだんに盛り込まれています。次の三つが代表的なものです。

(13) a. *Oxford Advanced Learner's Dictionary of English*
　　 b. *Collins COBUILD English Dictionary*
　　 c. *Longman Dictionary of Contemporary English*

aは，長い歴史のある辞書です。bは比較的新しくコンピュータを活用して作られた辞書です。cは，英語学習者の負担を軽減するために，語義の説明に使う単語数を約2000語に制限したことで評判になりました。どれも地道な改訂が進められてきました。どれか一つとは言いにくいのですが，外国語として英語を学ぶ人への配慮が行き届いているという点では，最近電子化されたｃをすすめます。検索機能などで工夫の余地が残っていますが，本体（紙の辞書）とＣＤ－ＲＯＭ版が組みで発売されています。ｂも既に電子化されています。これは，決まり文句の記述が優れています。

3．2　単語の意味から全体の意味が出てこない決まり文句

英語の決まり文句の中で学習者が特に注意しないといけないのは，句を構成している単語の意味から，全体の意味を理解することが難しいもの，その句全体でどういう意味か，どういう場合に使われるのかが決まっているものです。英語は非常に多くの人が学んできていますから，英英辞典の中のいくつかは，英語を母語としない学習者が使うことを強く意識して，母語話者ならあまり気付かない決まり文句の使える条件の記述がすぐれているものがあります。*Collins COBUILD English Dictionary* の次の記述が面白いと思います。That's a good question. の説明（good の 19.4）に，次のようにあります。

(14) People say ‘That's a good question’ or ‘Good question’ in reply to a question which they do not know the answer to, or when there are problems involved in the answer.

『ロングマン現代英英辞典第３版』では question の項目で，good question! を取り上げ，次のような説明があります。

(15) *spoken* used to show that you do not know the answer to a question.

これは，句を構成する語，good と question それぞれの意味からは出てきません。英語を母語とする人は，意識していないにしても，この決まり文句の使い方を知っているのでしょうが，英語の学習者には，普通は予測できないことで，どこかに明示的に書いておいてもらわなければ，実際に使われるのを聞いて，何

かおかしいと感じることが，使われ方を知る糸口になるくらいでしょう。日本語の「すみません」と似た使い方をされる‘Excuse me’などについても注意が必要です。単に相手に「謝罪する」という一般的な意味で使われるというよりも，もう少し具体的に使われる条件を分けて捉えた方がよい決まり文句です。ロングマン3版では，以下の7つに分けて記述されています。

(16) a. used when you want to get someone attention politely, especially when you want to ask question.
b. used to say that you are sorry for doing something rude or embarrassing
c. used to ask someone politely to move so that you can walk past
d. used when you want to politely tell someone that you are leaving a place
e. used when you disagree with someone but want to be polite about it
f. AmE used to say you are sorry when you hit someone accidentally
g. especially AmE used to ask someone to repeat something that they have just said.

ここで問題にしているような決まり文句の使われ方を細かく分けて記述する学習者用英英辞典が増えています。句を項目として取り上げ，使い方を説明しているものを，自分なりに集めて整理して，いざという時に聞いて理解も出来るし，自分でも使えるようにすると，その人の英語を使える力は確実に上がることになるでしょう。こういう英語学習者にとって役にたつ情報が英英辞典で既に提供されていて，それが電子化されると，表計算ソフトなどを使って，集め，整理することができます。

3．3　テキスト・ファイルになった英語基本単語リストの活用

英語学習のために必要な基本語を選び出そうという試みが，過去様々に行われてきました。日本で市販されている英和辞典では，最重要語，重要語など，大きく二つに分けて，記号を振っているものが多いようです。大学入試の問題

でも，高校までで学ばないと思われる語には，注がつくのが普通です。大学入試を目指した数多くの必修英語単語リストが市販されています。ここでは，テキスト・ファイルで手に入るので，インターネットの検索や，電子版英語学習ノートを作るのに利用できる基本単語リストを紹介します。筆者が Linda Woo さんというアメリカ人にお願いして作っていただいた英語基本単語リスト linda5000 です。統計的な処理を行ったものではありませんが，アメリカ人で，最近まで日本の大学で英語を教えていた Linda Woo さんが，大学生レベルの日本の英語学習者向けに選定されたものです。以下のホームページにあります。教育・研究用には自由に使っていただいて結構です。

http://www.lang.nagoya-u.ac.jp/~tonoike/linda5000.html

英語の単語数としては，5,000語では不十分だという意見もあると思います。幸い，英語の実用的な運用能力に十分な範囲をカバーすることを目指して作られた「北大語彙表」というリストがあり，公開されています。北海道大学の言語文化部英語系で作成されました。7,454語が難易度で以下の5段階に分類されていることも，このリストを使いやすいものにしています。

(17) 1. 中学必修レベル：786語
2. 高校必修レベル：1,778語
3. 大学受験段階レベル：2,096語
4. 大学基本レベル：1,520語
5. 大学上級レベル：1,274語

linda5000 では不十分で，さらに増やしたいのであれば，これを利用するとよいでしょう。http://lexis.ilcs.hokudai.ac.jp からテキスト・ファイルが手に入ります。日本語，英語をはじめ様々な言語データに関する情報を提供している「言語データのまとめ」(http://claist-nara.ac.jp/lab/resource.html) からリンクが張られています。ここで紹介されている言語資源には一通り目を通しておくとよいでしょう。

4．電子化辞書９種の特徴

ここでは，市販されている電子化辞書９種を取り上げ，その特徴を簡単にまとめます。英和と和英の両方が使えるものが一つはあった方がいいでしょう。学習者用英英辞典としては，紙の辞書とＣＤ－ＲＯＭ版がセットで定価3,800円で発売されている『ロングマン現代英英辞典第３版』がおすすめです。

Ａ ジーニアス英和・和英辞典　（大修館書店：9,000円）

収録項目数：

英和部門：92,000語（『ジーニアス英和辞典≪改訂版≫』より）

和英部門：80,000語（『ジーニアス和英辞典』より）

音声データ：14,000語

検索：

I. 単語検索：

前方一致／後方一致（データ順・検索順が選択可能）

例）“adventure” に対して “adv” や “ture” で検索してもひっかかる。

完全一致検索ができないので，“car” を引きたい場合，“car” で始まる単語が全て現れる。

II. 複合検索：

表現に含まれる単語を４つまで書き込め，それらを含む全ての表現を一覧表示できる。

複合検索には２種類ある。

・複合検索１（表現検索）では，“go” と “with” を入れると，[ache] “~ with desire to go home,” [ahead] “Go ~ with this work,” [ahead] “Go ~with your story” など “go” と “with” が含まれる例文が一覧で表示され，そ

れぞれのものが書かれている項目へジャンプできる。

・複合検索２（成句検索）では，“go” と “with” を入れると，“go to bed with the chickens,” “join [follow, go with] the color” など “go” と “with” を含む成句が一覧で表示され，それぞれが書かれている項目へジャンプできる。

III. インターネット検索：

検索してすぐに解説付きの項目へ飛べるわけではなく，検索結果が表示され，その中から選択するしくみになっている。

リンク：

・類義語の項目へリンクあり。

・反義語の項目へのリンクはない。

その他：

・しおりをはさみ，メモを書き込める。

・簡単な語源あり。

・複合語は親項目の中に含まれている。

・キャレットにしないと文字列を選択できない。

・英和辞典と和英辞典の互換性はない。（お互いの辞書には飛べず，和英辞典で出てきた訳語（英語）を引くためには，もう一度，検索しなくてはならない。しかし，この不具合は次の機能でカバーされる。つまりこの辞書の特徴は，和英辞典で検索を行うと複数の英訳が表示されるが，それぞれの英単語に英和辞典を引いたときに出てくるのとほぼ同様の解説が書かれていることである。）

B オックスフォードコンパクト英英辞典　（三修社：17,900円）

収録項目数：

英英辞典：70,000語

音声データ：50,000語

検索：

I. 単語検索：

完全一致，ワイルドカード検索による前方一致，後方一致，前後方一致検索

例）adv*,
*ture,　→ adventure
adv*re

ただし1語の検索に二つ以上のアステリスクを使用することができないので，中間検索はできない。

II. 成句検索：

・AI検索（活用語等を考慮した検索）可能。
・用例検索不可。
・インターネット検索不可。
・検索項目のみが抽出・表示される。

リンク：

・品詞ごとにジャンプ可能。
・いわゆるリンクは存在しないが，説明文の全ての語に対して，マウスを合わせるとその項目がポップアップして別のウィンドウであらわれる。この機能が類義語へのリンクのかわりとなっている。
・反義語へのリンクはない。

その他：

・キャレット表示をしなくても選択可能。

・簡単な語源あり。
・単語帳を作成でき，好きな単語を登録できる。
・ユーザー辞書を作成したり，他の辞書とのデータのインポート・エクスポート可能。
・複合語は別項目。

C ランダムハウス英語辞典　（小学館：15,000円）

収録項目数：

英和部門：345,000語
（和英部門は独立したものがあるわけではなく，いわゆる逆引き機能である。入れた単語が英和辞典内の日本語説明文に含まれている英語の項目があがり，選択できる。）
音声データ：120,000語

検索：

I. 単語検索：
前方一致／後方一致／中間一致
・ワイルドカード検索可能。（スペルのはっきりしない語が調べられる。
例）“a*b” と入れて検索すると “a” で始まり “b” で終わる全ての単語が現れる。
また “a?b” と入れて検索すると “a” で始まり “b” で終わる 3 文字の全ての単語が現れる。

II. 成句・用例検索：
その単語を含む成句・用例が示される。
・入力と完全に一致した候補の記述が表示されるウインドウと他の候補のウインドウが同時に表示される。

リンク：

・類義語の項目へリンクあり。

・反義語の項目へのリンクあり。

その他：

・キャレットにしなくても文字列を選択できる。

・本文にメモを添付できる。

・語源あり。

・複合語は独立項目として表示される。

・インターネットをしながら，ドラッグ＆ドロップで簡単に辞書を使える。

D リーダーズ＋プラス　（ロボワード版）　（研究社：25,000円）

収録項目数：

『リーダーズ英和辞典』（初版：約２６万語）と『リーダーズ・プラス』（約１９万語）の内容に加え，インターネット，コンピュータ用語を中心に１５００語が増補。（増補された項目の前には＋印がつけられている。）

検索：

・マウスカーソルによる翻訳（検索したい単語にマウスカーソルを合わせるだけで，ポップアップウインドウが表示され，その単語の項目が表示される。）

・検索ウインドウと辞書ブラウザ

検索ウインドウ：

・「AI検索」が可能。

・『リーダーズ英和辞典』と『リーダーズ・プラス』の同時検索が可能。

辞書ブラウザ：

・「AI検索」は不可。

・二つの辞書の同時検索不可。

・凡例などの検索対象外データも参照可能。

・全てのインデックスの一覧を参照可能。

・条件検索が可能。

・和英検索が不可能（ただし，条件検索の「本文」で，本文に出てくる日本語の検索は可能。）

I. 単語検索：

英和完全一致／英和前方一致／英和後方一致

和英完全一致／和英前方一致／和英後方一致

・AI検索（活用形を考慮した検索）

"witches" と入力→ "witch" が表示。

・あいまい検索（入力した単語と似た単語を検索）

"windon" と入力→ "wind on" と "window" が表示。

"kea" と入力→ "keat" , "tea" 等，一字違いのもの，56の候補を表示。

・ワイルドカード

"＊" で，１文字以上の任意の文字列

"？" で，１文字の任意の文字

II. 複合検索：

複合検索はなく，単語検索で行う。

III. インターネット検索

インターネット検索はないが，インターネット上の単語にカーソルを合わせれば，ポップアップメニューに表示される。

IV. 条件検索

次のような条件種別を選べる。

・インデックス（見だし語のみを検索対象として中一致検索を行う。）
・本文
・インデックス長（見だし語の文字数を数字で指定。）
・品詞（特定の品詞だけを検索，またはそれ以外の品詞を検索。）
・スピーチラベル（《口》《俗語》などの用法指示ラベルで検索。）
・分野ラベル（【理】【楽】などの専門分野で検索。）

リンク：

・本の形のアイコンをクリックすることで，用例など，下位階層を開いたり閉じたりできる。

例）book　→　n　→　1～6
a
vt　→
vi　→
-able
-er
-ful

・関連項目（当該の語を含んだ成句等）へのリンクあり。
・類義語・反義語へのリンクはなし。

その他：

・ハードディスクノンインストール型（100MB）
・約2,000点の文学作品を収録したClassic Library（Andromeda Interactive）が付属。

E ロングマンインタラクティブ アメリカ英語辞典　（三修社：22,000円）

収録項目数：

Longman Interactive American Dictionary（英英辞書）より

収録語彙数：約80,000語

音声データ：約50,000語

検索：

・マウスカーソルによる翻訳（検索したい単語にマウスカーソルを合わせるだけで，ポップアップウインドウが表示され，その単語の説明が表示される。）

・検索ウインドウと辞書ブラウザ

検索ウインドウ：

・「AI検索」が可能。

・『リーダーズ英和辞典』と『リーダーズ・プラス』の同時検索可能。

辞書ブラウザ：

・「AI検索」が不可。

・二つの辞書の同時検索不可。

・凡例などの検索対象外データも参照可能。

・全てのインデックスの一覧を参照可能。

・条件検索が可能。

I. 単語検索：

AI検索（活用形の検索）/全一致/前方一致/後方一致/あいまい検索

ワイルドカード検索

II. 条件検索：

・インデックス（見出し語）検索（検索したい見出し語のスペルの一部がわかっている場合，又は特定の文字を含んでいる見出し語を検索。）

・本文検索（辞書の内容すべてから（インデックスだけでなくその内容も）目的の見出し語を検索。）
・インデックス長検索（インデックス（見出し語）の文字数から目的の見出し語を検索。）
・品詞検索（特定の品詞の見出し語を検索。）
・Speech label検索（特定のスピーチラベルの見出し語を検索。）
・Subject label検索（見出し語のジャンル（科学，スポーツなど）を元に検索。）
・入力と完全に一致した候補の記述が表示されるウインドウと他の候補のウインドウが同時に表示される。

F　COBUILD on CD-ROM　（Harper Collins Publishers Ltd. 1995.：12,000円）

収録項目数：

収録語彙数不明
音声データなし

検索：

I. 単語検索：
・ワイルドカード検索可能。

II. 成句検索：
・論理記号（AND/OR/NOT）を使った検索

リンク：

・それぞれの項目に１）Dictionary, 2）Usage, 3）Grammar, 4）Word Bankへのリンクボタンがある。

１. Dictionary：

検索にヒットした項目の定義がDictionaryスクリーンに表示される。

メインスクリーンには1）語彙項目の意味 2）用例 3）文法 4）類義語 5）反義語 6）上位概念が示される。

例：contradict（verb）

1）定義

2）She contradicts everything I say.

3）verb or verb+object（noun group or reflexive）

4）dispute

5）endorse

6）challenge

●Dictionary オプションボタン

さらにDictionary メインスクリーンの下には以下に示すオプションボタンがついている。

検索した単語が派生語やその語を含んだ句をもつ場合，それに対応するボタンが利用できるようになる。

1）Summary（検索結果の単語が持ついくつかの意味をまとめて確認できる。）

2）Derived Word（検索結果の単語に派生語がある場合，それを確認できる。）

3）Extended Meaning（検索結果の単語が拡張された意味を持つ場合，それを確認できる。）

4）Phrase（検索結果の単語を含んだ句がある場合，それを確認できる。）

5）Look Up（検索結果の単語の定義の文中に意味の分からない単語があるとき，その単語をlook up ボタンを使って調べられる。）

6）Glossary（辞書ソフトのプログラム中に使われている専門語を調べられる（noun, verb, adverb, particle など）。）

2．Usage：

Usage メインスクリーンには検索語が英文中でどのような意味で使

われるかの説明が詳しく表示される。

1）Occurence

2）Index（検索語の持ついくつかのUsage項目の目次が確認できる。）

3）Table

4）Look Up（Usageメインスクリーンの説明文中に意味の分からない単語があるとき，その単語を調べることが出来る。）

5）Glossary：辞書ソフトのプログラム中に使われている専門語を調べられる（noun, verb, adverb, particleなど）。）

3．Grammar：

Grammarメインスクリーンには，検索語が文法的にどのように英文中で使われるのか（例えば動詞“eat”は文中で他動詞としても自動詞としても使えるといったように）の説明が表示される。Usageとは「意味用法で表示するか」「文法用法で表示するか」という点で異なっている。

1）Occurence（検索語がGrammarセクションの中に何回あらわれるかを表示。）

2）Contents（GrammarセクションのContentsを表示するためのボタン。）

3）Index

4）Tables（特定のGrammarエントリーに対応する単語表があるとき，それを表示。）

例：Grammarエントリー→自動詞にも他動詞にも使える単語

Tables→eat, lend, marry, point等の単語表が表示される。

5）Look Up（Grammarメインスクリーンの説明文中に意味の分からない単語があるとき，その単語を調べることが出来る。）

6）Glossary（辞書ソフトのプログラム中に使われている専門語

を調べられる（noun, verb, adverb particle など）。）

4．Word Bank：

Word Bank メインスクリーンには，検索語が実際に使われている英文のリストを表示する。

1）Look Up（Usage メインスクリーンの英文リスト中に意味の分からない単語があるとき，その単語を調べることが出来る。）

2）Glossary（辞書ソフトのプログラム中に使われている専門語を調べられる（noun, verb, adverb particle など）。）

G　Concise Oxford Dictionary（Ninth Edition）　（Oxford University Press）

収録項目数：

140,000項目（音声データあり）

検索：

I. 単語検索（Quick search）：

候補を抽出する表示方法ではなく，単に入力された文字列に一番近い項目のところを表示する。例）“millennium” を “millenium” と綴ると，これ以降に位置し，最も近い項目 “millennial” が表示される。

II. 条件検索・複合検索（Full text search）：

本文中にある項目も検索対象とする。ここで成句検索も可能。

「見出し語」・「定義」・「イディオム」・「群動詞」・「語源」をフィルターとして検索範囲を限定可能。

・ワイルドカード検索あり。

・成句検索なし。

・条件検索なし。

・インターネット検索不可。

リンク：

・本文中の項目をダブルクリックすると，その項目へジャンプする。
"contempt" を検索。→本文中の "feeling" を選択。→ポップアップ画面に "feeling" や "feel" が表示。→それぞれにジャンプ可能。

・いくつかの項目はその語法へとジャンプ可能。
例）"pre-empt" の記述中の "Usage" という語をクリック→ "Pre-empt is something used to mean 'prevent' , but this is considered incorrect in standard English." という記述が表示される。

H　ロングマン現代英英辞典 第三版（付属CD-ROM）　（丸善：3,800円）

他の８種の辞書と違い，ペーパー・カバー版の辞書にCD-ROMを付けて売り出されたので，印刷された通常の辞書も手に入る。

収録項目数：

収録語彙数不明（音声データ：約55,000語）

検索：

I. 単語検索：

・基本的に前方一致・完全一致検索。

・後方一致や中間一致，ワイルドカード検索は不可能。

II. 成句検索・用例検索：

・成句検索や用例検索，人名の検索は出来ない。

・成句検索や用例検索をしたいときは，それぞれの成句・用例の先頭の単語をまず単語検索で調べ，ヒットした項目の中から調べたい成句・用例を見つける必要がある（紙の辞書を引く場合と同じ方法）。

検索結果表示：

・各種検索機能は貧弱だが，検索項目の記述は豊富。

・検索結果が画面左側に一覧表示され，希望の項目を選択すると別窓（仮にメインウィンドウと呼ぶ）で詳しい語の説明が表示される。

リンク：

メインウィンドウ上部に検索項目の理解を助ける4つのボタンが付属。

1. Play soundボタン→単語の発音を聞くことが出来る。

2. Links to dictionary entriesボタン→辞書内の同一語彙項目が複数の解説を持つ場合のリンク。

3. Links to conjugationボタン→検索した項目が活用語であった場合，その活用一覧へのリンク。

4. See related picturesボタン→検索した語彙項目に図解がある場合，その図へのリンク。

付録：

その他付録辞書：

1. Longman verbs（辞書記載の動詞一覧）

2. Longman picture library（辞書所収の図解一覧）

3. 各種Table（10種類）

3.1. Pronunciation table（発音記号表）

3.2. Short Forms and Labels used in the Dictionary（辞書で使われる略記された文法用語表）

3.3. Numbers（英語での数字の読み方）

3.4. Weights and measures（度量衡表）

3.5. Military ranks（イギリス・アメリカ軍の階級表）

3.6. Word Formation（語形成に関わる接辞等の一覧）

3.7. The verb “be”（be動詞の用法）

3.8. Irregular verbs（不規則動詞表）

3.9. Geographical Names（地理上の各地域の呼び方一覧）

3.10. Grammar codes（文法用語の説明）

I　新英和・和英中辞典ＣＤ－ＲＯＭ版　（研究社：6,200円）

収録項目数：

『新英和中辞典　第6版』約90,000語（用例：約83,000）

『新英和中辞典　第4版』約70,000語（用例：100,000）

音声データ：約15,000語

検索：

I. 単語検索：

英和完全一致／英和前方一致／英和後方一致

和英完全一致／和英前方一致／和英後方一致

II. 複合検索：

成句検索

用例検索

総合検索（種々の検索を総合した検索）

引用検索（引用句を入力，または情報を参照の上検索）

人名検索（「国籍」,「分野」,「時代」の３項目につき，情報を参照または入力して検索）

III. インターネット検索

IV. 画面語検索：

画面に表示されている本文の指定した範囲を検索語として検索を行なう。これによって,和英辞典で訳語として示されている英単語の用法を英和辞典で詳しく調べたり,英和辞典で訳語として示された日本語を媒介に類義の英語を求めることができる。

・検索項目だけが抽出・表示されるわけではなく，その周辺の個所が表示される。

“adventure” と検索→その前後に “Advent Sunday” や “Adventure playground” も表示

リンク：

・スクロールの手間を省くため，品詞ごとにジャンプできる。

例）book

→ 名

→ 成句

→ 動㊀

→ 自

→ 成句

・英文の具体例は全てリンクが張られており同一画面にはない。

・類義語・反義語へのリンク少々

例えば，○low→←high

×unable→←able

・訳語からのリンクはなし（和英と英和の互換性はない）。

その他：

・簡単な語源つき。

・キャレット表示をしなければ選択ができない。

付録：

・付録の英単語リストには以下のデータがある。

不規則動詞活用表

音声データ付き単語一覧

学習基本語彙

同綴語一覧

同綴異音語１一覧

同綴異音語２一覧

同音異綴語一覧

反意語・対語一覧

類義語一覧

・付録のデータⅡ

国名一覧

州名一覧（米・加・豪・英）

休日・祝日一覧（米・英・日）

囲み記事一覧

	ジーニアス英和・和英辞典（Mac）	オックスフォードコンパクト（Win）	ランダムハウス英語辞典（Mac）
価格	￥9,000	￥17,900	￥15,000
インストール*1	×	○	○
項目数*2（英和）	92,000	なし	345,000
項目数（和英）	80,000	なし	英和の逆引き
項目数（英英）	なし	70,000	なし
音声データ*3	14,000	50,000	120,000
ロボワード*4	×	○	×
前方一致*5	○	○	○
後方一致*7	○	○	○
中間一致*8	?	×	○
AI 検索*9	×	○	×
あいまい検索*10	×	○	×
ワイルドカード検索*11	×	○	○
成句検索*12	○	○	○
表現（用例）検索*13	○	×	○
インターネット検索*14	○	×	×
条件検索*15	△	×	×
検索選択*16	必要	不必要	不必要
表示項目*17	前後の単語も表示	検索項目のみ	検索項目のみ
品詞ジャンプ*18	×	○	×
リンク*20（類語）	○		○
リンク（反意語）	×		○
語源*21	○	○	○
文字列選択*22	キャレット	そのままで可	そのままで可
メモ機能*24	○		○

	リーダーズ+プラス ロボワード版 (Win)	ロングマン インタラクティブ (Win)	Cobuild on CD (Win)
価格	¥25,000	¥22,000	¥12,000
インストール	○	×	×
項目数（英和）	260,000	なし	
項目数（和英）	190,000	なし	
項目数（英英）	なし	80,000	
音声データ	×	50,000	×
ロボワード	○	○	×
前方一致	○	○	△ワイルドで*6
後方一致	○	○	△ワイルドで
中間一致	△ワイルドで	△ワイルドで	△ワイルドで
A! 検索	○	○	×
あいまい検索	○	○	×
ワイルドカード検索	○	○	○
成句検索	×	×	○
表現（用例）検索	△条件検索で	△条件検索で	×
インターネット検索	×	×	×
条件検索	○	○	×
検索選択	不必要	不必要	必要
表示項目	選択項目のみ	選択項目のみ	選択項目のみ
品詞ジャンプ	△（折り畳み）*19	△折り畳み	×
リンク（類語）	×	○ロボ	
リンク（反意語）	×		
語源	○		×
文字列選択	そのままで可	そのままで可	そのままで可
メモ機能	×	×	×

	CONCISE OXFOR Dic (Win)	ロングマン 英英辞典第 3 版 (Mac)	研究社 新英和・和英中 (Win)
価格		¥38,000	¥6,200
インストール	×	×	×
項目数（英和）			90,000
項目数（和英）			70,000
項目数（英英）	140,000	？？	なし
音声データ	あり	55,000	15,000
ロボワード	×	×	×
前方一致	○ワイルドで	○	○
後方一致	○ワイルドで	×	○
中間一致	○ワイルドで	×	×
AI 検索	×	×	×
あいまい検索	×	×	×
ワイルドカード検索	○	×	×
成句検索	○	×	○
表現（用例）検索	×	×	○
インターネット検索	×	×	○
条件検索	×	×	×
検索選択	必要	必要	必要
表示項目	選択項目のみ	検索項目のみ	前後の単語も表示
品詞ジャンプ	×	○	○
リンク（類語）			○
リンク（反意語）			○
語源	○	×	○
文字列選択	そのままで可	そのままで可	キャレット
メモ機能	×	×	×

［表の注］

＊1）インストール：ハードディスクにインストール可能な辞書と，CD-ROMから呼び出して使う辞書。
＊2）項目数：見出し語の数。
＊3）音声データ：ネイティヴスピーカーによる発音が収録されている辞書がある場合。その語数。
＊4）ロボワード：調べたい語にマウスカーソルをあわせるだけで，説明文が表示される機能。

検索方法に関して

＊5）前方一致："car" で検索すると "car" で始まる単語（"card" など）がヒットする。
＊6）ワイルドで：ワイルドカード検索により同等の検索が可能。
＊7）後方一致："car" で検索すると "car" で終わる単語（"scar" など）がヒットする。
＊8）中間一致："car" で検索すると "car" を含む単語（"scare" など）がヒットする。
＊9）AI 検索：活用形を検索すると，原型がヒットする。"cars" で検索すると，"car" がヒットする。
＊10）あいまい検索：1文字違いの単語がヒットする。"car" で検索すると "can" などがヒットする。
＊11）ワイルドカード検索：辞書中から検索したい単語があるが，その単語の文字列が正確にわからない場合には，ゼロ文字以上の任意の文字列に相当するワイルドカード（アスタリスク記号 "*"）を使い検索を行う。
例えば，辞書中から "st" の文字列で始まる単語を検索したい場合，ワイルドカードを使い "st*" のように文字列を指定して検索をすると，"start/stop/strong"

等といった項目が検索結果としてあらわれる。

文字列の中でワイルドカードを指定する場所を変えることによって，前方一致・後方一致・中間一致等の検索が可能である。

＊12）成句検索：その語を含む成句がヒットする。

＊13）表現検索：その語を含む表現・用例がヒットする。

＊14）インターネット検索：ウェヴ上のサーチエンジンと連動して，ホームページ内の用語を検索可能な辞書がある。

＊15）条件検索：様々な条件で絞り込んで検索できる。

検索結果表示

＊16）検索選択：項目入力後，検索してすぐにその項目が表示されない。

＊17）表示項目：表示される項目だけでなく，辞書のページを見ているかのようにアルファベット順の前後の項目もともに表示されるものもある。

＊18）品詞ジャンプ：１つの項目が長い説明を持っている場合，品詞を選択することにより，その品詞の説明文へ飛べる。スクロールの手間を省く。

＊19）折り畳み：特定の品詞の説明文を隠すことができる。

説明文に関して

＊20）リンク：説明文の中の類義語や反義語の項目へリンクが貼られている辞書も存在する。（この項目に関しては英英辞典については触れない。）

＊21）語源：説明文の中に簡単な語源解説があるものが存在する。

＊22）文字列選択：説明文の文字を選択するさいに，キャレット表示にしないと選択できない辞書がある。

＊23）メモ機能：任意の項目にメモを添付することができる辞書がある。

5.　電子化辞書の将来

最後に，電子化辞書の将来を，相互に関連しますが，いくつか重要だと考えられる観点から整理します。

・価格と改訂版の提供

電子化辞書の価格は，現在のところ紙に印刷されたものに比べてかなり高価です。また，改訂されたものを，改訂前のものを既に購入している人にどう提供するのかなどの問題は今後の課題でしょう。また，パソコンのＯＳが頻繁にバージョン・アップされる現状では，辞書メーカーが，バージョン・アップに対応できるサポートを保証する必要が出てきます。このような継続したサポート体制をとれるかどうかは，今後大きな問題になるでしょう。

・学習ために使うのか，とりあえず調べたいのか

はじめに断りましたが，この章では，単体の携帯用電子化辞書は，あえて取り上げませんでした。学習をどのように支援できるのか，どういう使い方がいいのかがまだはっきりしていないと考えたのが，取り上げないことにした動機でした。しかし，学習ということを度外視して考えると，すぐ調べたいことが調べられて，しかもかさばらないということは大きな利点です。さらに，携帯電話を持つ人が爆発的に増えています。携帯電話で辞書を使えるサービスもはじまっています。提供される辞書の品質が問題になりますが，２カ国語（対訳）辞書としてのサービスは，独自に需要もあるし，提供され続けるのではないかと考えられます。

・学習辞典という観点

学習辞典という観点から見ると，紙の辞書は生き残るのではないでしょうか。学校に通い，教室での授業が行われるのと平行して，紙に印刷された教科書，辞書の役割はやはり残ると考えていいでしょう。

・電子化辞書を学習にどう活かすかという問題

当然，我々は電子化辞書を学習にどう活かすかという問題を考えないといけなくなりますが，これがそう簡単には分かりやすい答が出そうにないというのが筆者の考えです。

・辞書という概念に縛られる必要がなくなる

イギリスとアメリカの間で，英語の辞書の編集方針に関して一般的な違いがあると言われていたことがあります。イギリスで編纂される辞書では，本来百科事典に記述されるべき項目を，記述項目として取り上げない傾向が強かったのに対して，アメリカで出される辞書では，便利だからということが大きな動機付けだと思いますが，辞書と百科事典を出来るだけ分けようと考えると，辞書ではなく百科事典に記述されるべき項目が，辞書の記述項目に含まれていました。

もちろん現在でも，辞書と百科事典を区別しようとすることは可能ですが，二つを一つにしてしまうことも可能です。特に，文字情報だけでなく，画像，音声，動画も電子化できるようになりましたから，すべてを一つの大きな資源としてまとめて提供することができます。

・ネットワークを介した利用

文字情報だけでなく，画像，音声，動画などをCD-ROMで販売する以外に，使用料を支払った人にネットワーク経由で利用できるようにするサービスが考えられます。ＯＳの違いにあまり依存しない提供の仕方が考えられますし，改訂も容易ですから，利用者にとってもメリットがあります。

・電子化辞書の利点を活かした辞書編集

現在入手可能な電子化辞書の多くは，もともとは紙に印刷することを意識して編集されたものをもとにしています。紙に印刷された辞書の編集では，記述の分量の制限があって，執筆者はそれが不満だったところもありますが，簡潔な記述を目指すなどのメリットもありました。今後は，電子化辞書の利点を最初から意識した辞書作りを考える必要があります。電子化辞書の英語学習での活用と同じく，これも今後の課題です。

謝辞：市販の辞書 9 種の説明は，名古屋大学人間情報学研究科言語情報論講座の大学院生である相原昌彦さん，西田瑞生さん，八木健太郎さんに担当してもらいました。記して感謝します。

参考文献：

Nesi, Hilary（1999）A user's guide to electronic dictionaries for language learners. *International Journal of Lexicography* vol.12, no. 1, pp. 55-65.

コーパスを使った英語学習

滝沢　直宏

1. はじめに

この章では，既存の辞書や文法書・語法書の記述では飽き足らないかなりの上級者を念頭におきつつ，コーパスの利用について考えます。コーパスを利用した英語学習は，コンピュータ技術の発達とインターネットの普及により20世紀の末葉において歴史上初めて可能になった新しい方法です。

英語を研究・教育・学習しようとする場合には，まず英語そのものの姿を詳しく知ることが大切です。知っておくべき情報の中には，単語の使い方に関する情報（語法）も当然含まれます。従来は，こうした情報を得ようと思えば，既存の辞書，文法書，語法書などに頼る，あるいは近くにいる英語の母語話者に尋ねる，（英語を研究しようとする人であれば）手作業で新聞・書籍などから例文を収集してカードにとっておく，といった方法しかありませんでした。しかし，どんなに素晴らしい辞書，文法書，語法書であっても，必要な情報がすべて盛り込まれているわけではありませんし，もう古くなってしまった情報が含まれている場合もあるでしょう。また，母語話者に尋ねるといっても，その母語話者が客観的な知識をもっているとは限りません。手作業による例文収集では，集められる例文の数はたかが知れています。

コーパスを利用すれば，自分で生の膨大な英語資料にあたることができるので，従来の方法では得られない情報を得られることが多々あります。そうすることによって，語法や文法に関する知識を確かなものにすることもできますし，英語でものを書く際にも有益な情報を得ることができます。

この章では，(1) コーパスとは何か，(2) 現代英語の代表的なコーパスとしてどのようなものがあるか，(3) コーパスから必要な情報を抽出するためのソフトにはどのようなものがあるか，(4) コーパスを使ってどのようなことが行われているかをお話しし，その後，(5) Cobuild*Direct*というサービスの利用方法とその具体的利用例について述べていきます。

2.　コーパスとは何か

コーパスとは，「電子化された大規模な言語の資料で，言語の記述や分析の便宜に供され（う）るもの」のことをいいます。この語は，「体」「全著作・著書」などを意味するラテン語の「コルプス」を語源とします。この言葉がラテン語起源であることは，その複数形がcorporaという英語らしからぬ形をしていることからも分かります。英語では後に，「言語分析のための言語資料（書き言葉・話し言葉）の集積」(“The body of written or spoken material upon which a linguistic analysis is based.”（*Oxford English Dictionary*の定義)）という意味でも使われるようになったわけですが，最近の用法では，特に「電子化された」言語資料のことを指します。

「電子化」というのは，「コンピュータで処理できる」ということです。しかし，コンピュータは人間には処理しきれない大量のデータを高速かつ正確に処理することを得意とするわけですから，ごくわずかな量の言語資料を電子化するだけでは意味がありません。電子化がその本領を発揮するのは資料が膨大になった場合です。したがって，「コーパス」は事実上，コンピュータで処理できる「大規模な」言語資料を指すことになったわけです。「言語の資料」とは何かについても一言述べておきます。コーパスを構成する資料は，当然，記述・分析の対象としている言語の資料でなくてはなりません。現代英国英語の資料としては，時代の異なるシェイクピアの英語は資料にはなりえませんし，オーストラリアの新聞も地域が異なるので資料にはなりえません。また，ある言語全体の資料を目指すコーパスは，その言語の各変種を取り込んでいなくてはなりません。例えば，現代英語の辞書などの編纂に使用する目的でコーパスを編纂する場合には，そのコーパスには少なくとも英国英語，米国英語は入っていなくてはならず，しかも様々なジャンルの書籍，新聞，日常会話などがバランスよく入っている必要があります。このように言語研究用に編纂された「狭義のコーパス」の他に，新聞や百科事典のCD-ROMなど，もともと言語研究を意識して電子化されたものでなくても，言語研究用に利用できるものもあります。こういった電子テキストも，広義にはコーパスと見なしえます。冒頭の定義で「供され（う）る」としたのはこのためです。

コンピュータの力を借りることによって，大量の資料を高速にしかも正確に扱うことができるようになりました。人間の手作業では何十年もかかるかもしれない作業が，コンピュータを使うことで瞬時に行なえるようになったわけです。

3. 現代英語のコーパス

では，現代英語のコーパスとしてどのようなものがあるのかについて述べていきましょう。

3.1 Brown CorpusとLOB Corpus

電子化されたコーパスの初期のものとして，The Standard Corpus of Present-Day Edited American English（通称Brown Corpus）やThe Lancaster-Oslo/Bergen Corpus of British English（通称LOB Corpus）があります。前者は，米国で1961年に出版された15のジャンルにわたる書籍・新聞・雑誌などから約2,000語ずつのサンプルを500個とって編纂されたコーパスで，規模は約100万語です。後者は，Brown Corpusと同じ構成をもつ英国英語のコーパスです。100万語規模のコーパスは，ペーパーバックの本にすると十数冊分の分量です。これらのコーパスは，その他多くのコーパスと共にICAME（International Computer Archive of Modern and Medieval English, http://nora.hd.uib.no/icame.html）からCD-ROMの形で購入することができます。そのCD-ROMの名称はThe New ICAME

Corpus Collection on CD-ROM（http://nora.hd.uib.no/icame/cd/）といいます。

3.2　The British National Corpus と The Bank of English

1990年代には，Brown Corpus や LOB Corpus の規模を遥かに越える億単位の語からなるコーパスが作成されました。The British National Corpus（http://thetis.bl.uk/）や The Bank of English（http://titania.cobuild.collins.co.uk/boe_info.html）です。前者は，1975年以降の英国英語のみを対象にした，書き言葉9,000万語と話し言葉1,000万語の合計約1億語のコーパスです。

このコーパスは，2001年1月，遂に BNC World Edition として日本でも購入可能となりました（http://info.ox.ac.uk/bnc/getting/ordering.html）。また書き言葉と話し言葉を100万語ずつ合計200万語を収めた CD-ROM（The BNC Sampler（http://info.ox.ac.uk/bnc/getting/sampler.html））も販売されています。

単純な検索であれば，以下で行うことができます。

http://thetis.bl.uk/lookup.html（Simple Search of the BNC）

The Bank of English は，執筆時現在（2001年1月），英米の書籍，雑誌，話し言葉，BBC（British Broadcasting Cooperation），NPR（National Public Radio），英国の新聞（高級紙・大衆紙），オーストラリアの新聞，チラシ・広告といった短命なもの（ephemera）など19のサブ・コーパスからなる約4億1,800万語の現代英語（ほとんどが1990年代の英語）のコーパスです。HarperCollins 社の英語の辞書，語法書，文法書は，このコーパスに依拠して編纂されています。The Bank of English に特徴的なのは，オーストラリアの新聞のコーパス oznews が入っていることと，ephemera が入っていることでしょう。ephemera とは「かげろう」のことですが，転じてチラシや広告のような「かげろうのように短命なもの」という意味になりました。チラシや広告は，人目を引くのが1つの目的ですから，そこで使われる英語は普通の英語とは違った文体的特徴をもっているかもしれません。そういったことを知るには便利でしょう。The Bank of English には，4億1,800万語のうちの約5,600万語をインターネット経由で利用する Cobuild*Direct* という有料のオンライン・サービスがあります。第4節ではその利用方法を，そして第５節ではそれを利用した語法・文法研究の一端を述べます。

3.3 Corpus of Spoken Professional American-English

これはCD-ROMで配布されている米語の会話コーパス（http://www.athel.com/cpsa.html）で，学問的な議論のコーパスとホワイトハウスの記者会見のコーパスに分かれています。

3.4 International Corpus of English --- Great Britain

このコーパスは，様々な地域の英語をコーパス化しようとする試みのうち，最初に公開された英国英語版のコーパス（http://www.ucl.ac.uk/english-usage/ice-gb/）です。語数は100万語で，決して規模が大きいとは言えませんが，「名詞」「動詞」のような品詞タグが付与されている点と，「主語」とか「主格補語」などといった文の中で果たしている役割が示されている（つまり統語解析が施されている）点が特徴です。英国以外の英語で現在編纂が進んでいるものとしては，オーストラリア，カメルーン，カナダ，ジャマイカ，東アフリカ（ケニア，マラウイ，タンザニア），フィジー，ガーナ，香港，インド，アイルランド，ニュージーランド，ナイジェリア，フィリピン，シエラレオネ，シンガポール，南アフリカ共和国，米国の英語があります。このCD-ROMには専用のソフトが添付されています。

他にも現代英語のコーパスは色々あります。詳しい情報を得るには，井上永幸氏（徳島大学）のWWWページ（http://lexis.ias.tokushima-u.ac.jp/）が便利です。またコーパス言語学者のMichael Barlow氏のWWWページ（http://www.ruf.rice.edu/~barlow/corpus.html）からも豊富な情報を得ることができます。

4. 必要なデータの抽出：KWICコンコーダンス作成ソフト

コーパスは第１節で述べた通り，大規模な言葉の資料です。コーパスを使う目的は様々で，単語のリストを作ったり，頻度表を作成したりすることがまず考えられます。しかしそれ以上に英語の学習において重要なのは，ある語がどのような語と一緒に使われやすいのか，つまり，連語（コロケーション）を知るということです。

コロケーションを知るには，KWIC コンコーダンス（Concordance）という形式で表示するのが一般的です。KWIC（Key Word In Context）コンコーダンスというのは，キーワードを行の中央において，その前後の文脈を一緒に表示する形式のことです。図 1 は，whole をキーワードにした KWIC コンコーダンスの例を示しています（データは The Bank of English から引用）。

```
   delighted with the project as   whole,"Mr Rundle said. <p> It is
 compared with 18,767 people in the whole of 1993. <p> Officer in charge of
   go to your head. <p> There's a whole week to go, so pace yourself. <p>
It just makes sense to deal with the whole thing at once. <p> Gay outrage,
 <p> <h> SHANE RODGERS </h> Go the whole hog and make pork pies official I
```

［図 1］ whole をキーワードにした KWIC コンコーダンスの画面

ここにはわずか5行しか載せてありませんが，whole というキーワードが中央に配置されている様子が分かると思います（ところどころに見える<p>は，段落が変わることを示しています）。こういったコンコーダンスを作成するためのソフトは，普通コンコーダンサという名前で呼ばれています。ここでは 1 行の範囲内で文脈を表示しているので，文が途中で切れてしまっています。ですが，コロケーションを知るには，文が完全である必要はありません。キーワードの左右にどのような語が現れるかが分かれば十分だからです。

例が少数であれば問題ないのですが，例が多数の場合には，キーワードを基準にして左 1 語目，右 2 語目などの位置で単語を並べ替える（ソートする）と，同じ語が一箇所にまとまるので見やすくなります。キーワードの左隣にくる語や右隣に現れる語，あるいは 1 つおいて隣に現れる語がどんな語かを知ることができます。（agree の右隣には with などが現れ，look の右隣には at や for が現れる，というのはその例です。）そのため，多くのコンコーダンサには，ソート機能が備わっているわけです。

コンコーダンサには，以下のものがあります。それぞれKWICコンコーダンスを作成するという基本的な機能の他に，各ソフト独特の機能があります。詳しくは，それぞれのWWWページを参照して下さい。

WordSmith (Windows用)：http://www.liv.ac.uk/~ms2928/wordsmith/

TXTANA (Windows用)：http://www.biwa.ne.jp/~aka-san/

KWIC Concordance for Windows (Windows用)：http://www.chs.nihon-u.ac.jp/eng_dpt/tukamoto/kwic.html

MonoConc Pro (Windows/Mac用)：http://www.athel.com/

Simple Concordance Program (Windows用)：http://web.bham.ac.uk/A.Reed/scp/

Conc (Macintosh用)：http://www.sil.org/computing/conc/

5. コーパスを使って何が行われているか

コーパスの利用目的は様々です。1998年に出版された齊藤俊雄・中村純作・赤野一郎（編）『英語コーパス言語学：基礎と実践』（研究社）を見ると，コーパスが，語彙研究，文法研究，英語の歴史の研究，文体研究，辞書編集，英語教育などに生かされていることがよく分かります。また，同じ年に出版された鷹家秀史・須賀廣『実践コーパス言語学』（桐原ユニ）は，コーパスを主として英語教育の上でどのように生かすかという観点から書かれています。どちらかというと前者が英語の研究用，後者が教育用という違いはありますが，共に大変分かりやすい有益な概論書です。

5.1. 辞書編集

コーパスは様々に利用されているわけですが，英語学習の観点から特に重要なのは辞書編集でしょう。ある語を大規模コーパスを用いて検索することで，これまで知られていなかった用法や連語（コロケーション）の発見や，用いられている頻度の正確な把握が可能になりました。1995年には，以下のような，コーパスを利用した多くの英語学習者用の英語辞典が出版されました。

Cambridge International Dictionary of English

Collins COBUILD English Dictionary（2nd edition）

Harrap's Essential English Dictionary

Longman Dictionary of Contemporary English（3rd edition）

Oxford Advanced Learner's Dictionary of Current English（5th edition）

また，2000年には，コーパスに基づく以下の辞典も出版されました。

Oxford Advanced Learner's Dictionary of Current English（6th edition）

Longman Advanced American Dictionary

ここでコーパスの利用によって，辞書が改良された一例を挙げましょう。先にも引いた『英語コーパス言語学：基礎と実践』の井上永幸氏が書かれた章ではとても興味深い事実が述べられています。井上氏は，*Longman Dictionary of Contemporary English*という辞書の第1版（1978年出版）とコーパスを本格的に利用して編纂された第3版（1995年出版）を比較し，knowledgeの項の記述が向上したことを具体的に指摘しています。knowledgeという語は，in the knowledge that ...という結びつきにおいて使われることがよくあるのですが，そのことが第1版では記述されていなかったのに対して，第3版ではきちんと記述されるようになりました。しかも，かなり上位に掲載されています。特に重要なのは，単にknowledgeがin the knowledge that ...で使われることが多々あることを述べているだけではなく，その前にはsecureのような形容詞が来ることが多い，という事実が例文によって分かるようになっていることです。例えば，第3版には，例文として，Kay smiled, secure in the knowledge that she was right.（ケイは自分が正しかったことを知り安心してにっこりと微笑んだ）が挙がっています。語は単独では使われず，必ず別の語と一緒に使われるので，語がどのようなコロケーションで使われるのかを知っていることは，英語学習上とても重要でしょう。コーパスを用いることで，knowledgeという語が実際にどのように使われているか，knowledgeの周辺にはどのような語が現れているかを調べたり，その頻度や文体を知ることができるようになりました。直観ではなかなか言葉の使い方を正しく客観的に知ることはできませんが，コーパスは大量の資料の中からこうした情報を抽出してくれるわけです。

ここでお話ししたのは欧米で出た英語の辞書ですが，近い将来，日本で出版される英和辞典や和英辞典，他の外国語の辞典，そして国語辞典もコーパスに依拠せずには編纂できないようになることでしょう。今後もコーパスの整備とコンピュータとソフトの能力の向上が進んでいくことは明らかですから，それに歩調をあわせて，辞書の記述がさらに改良されていくことが期待されます。

5.2　文法研究

コーパスを利用した文法研究も盛んに行われています。その１つの結実とも言えるのが，1999年に出版された以下の書物です。

Biber, Douglas, Stig Johansson, Geoffrey Leech, Susan Conrad and Edward Finegan. 1999. *Longman Grammar of Spoken and Written English.* Harlow: Pearson Education.

これは，4,000万語のコーパスを駆使して現代英語の文法を調べたもので，1,000ページを越す実に大部の文法書です。この文法書には，随所にCorpus Findingsというセクションが設けられていて，コーパス検索によって得られた情報が提示されています。特に，タイトルにSpokenという言葉が入っていることからも窺えるように，これまで必ずしもきちんと記述されてこなかった話し言葉の文法や，小説，新聞，学術書，会話といった使用域（レジスター）による違いに対する目配りが利いているというのが，この文法書の１つの特徴です。こうした差異は，コーパスによって初めて，客観的記述が可能になったと言っていいでしょう。

5.3　コロケーションの認定：自然な英語表現に向けて

英語学習においてコロケーションが重要な役割をもっていることは5.1節で述べましたが，ここでもう一つ別の例を出しましょう。例えば，arrive at findingsはコロケーションとして可能でも，*reach findingsは不可であるという事実は，学習者であれば心得ているべき事項です。reachとfindingsが結びつかないことを「恣意的な制限」と呼ぶ学者（Howarth）もいます。このような学者は，正に上級学習者はこうした恣意的制限に関する知識を身に付けることが必要であると説いています。コロケーションの辞典を編んだBensonなども，学習者は「膨大な数の恣意的コロケーション」が使いこなせないと述べています。恣意的というのは，ここでは「規則で決まっているのではなく，理由は良くわからないが，そういう習慣になっている」という意味です。

Grangerという研究者は，誤用が含まれている学習者コーパス（学習者が書いた作文をコーパス化したもの）に基づく調査から，学習者は母語話者が使うコロケーションを使いこなせておらず，また逆に母語話者が用いないようなコロケーションを使っていると指摘し，それが「不自然さ」を生む要因になっていると主張しています。「不自然さ」とは，母語話者が書いた文章とは違って，どこかぎこちなく変，というような意味です。ここでGrangerがいっているのは，「副詞と形容詞」や「動詞と副詞」の共起といった内容語同士の語彙的なコロケーションのことです。このような語彙的なコロケーションに関する誤用は，「自然さ」において重要な意味をもつにもかかわらず，英語教育においてはあまり注意が払われてきませんでした。文法的なコロケーション（例えばidenticalはtoやwithを取るとか，be concernedの後ろの前置詞はwithだといった機能語に関するコロケーション）が，やかましく言われるのと対照的です。文法的なコロケーションは，機能語の数が少ないために教え易く，英和辞典・英英辞典を見れば大抵の疑問は解決できます。一方，語彙的な方は数も膨大ですから教えるのも困難ですし，多少不自然ではあっても間違いとまではいえないことが多いということも，これまであまり重視されてこなかったことに影響していると思います。しかし，例えば，副詞badlyはどのような動詞を修飾するのが普通であるのか，副詞amplyはどのような形容詞と共起し易いのかといったことを知ることは，自然な英語を書くためには，どうしてもおろそかにはできません。こうした情報を得るには，コーパスに頼るのが有効なのです。

5.4 英作文への応用

これまで述べてきたことは，コーパスを利用することで英語に関する客観的な情報を得るということでした。しかし，正しい語法，文法，コロケーションに関する情報を得ることは，そのまま英語でものを書く際にも役立ちます。もっと直接的にコーパスを英作文に利用することも可能だということです。

我々英語を外国語として勉強している者が英語でものを表現する際，使いたい内容語は決まっているが，それらの語をどのように使ったら自然な英語になるのか分からないという場合があります。例えば「インターネットにアクセスする」というのは，どのように表現したらいいのでしょうか。この場合，必ず用いるのは“Internet”という語でしょう。アクセスに関しても“access”という言葉を使うことは思い浮かびます。しかし，アクセス「する」をどう表現したらいいでしょうか。このような場合，コーパスで“Internet”と“access”という言葉を共に含む文を抽出すれば，かなり有益なヒントが得られるはずです。そこで次節で紹介するCobuild*Direct*を使って，これら2語を共に含む文を検索し，その例文を見ると，“to access the Internet”という表現を用いた文が多数見られることが分かります。ここから，accessという語は他動詞として使うことができ，the Internetをいきなり目的語としてとれることが分かります。ついでにInternetには定冠詞のtheを付けることも分かります。このようにコーパスを検索することによって,「インターネットにアクセスする」という内容を自信をもって英語で表現できるようになるわけです。例文もたくさん検索されるわけですから，この表現が実際にどのように使われているかを知ることも容易です。

6. Cobuild*Direct*の利用方法

では，ここからCobuild*Direct*について述べていきます。Cobuild*Direct*は，すでに述べた通り，The Bank of Englishの一部をインターネット上で利用するためのサービス（有料）です。契約を結ぶと，ユーザ名とパスワードが与えられます。（1つの契約で複数のユーザ名が貰えるので，学校などの組織として，あるいは仲間を募って契約すれば，さほど高額ではないと思います。）詳しくは，http://www.cobuild.collins.co.uk/direct_info.html を参照して下さい。

Cobuild*Direct*では，KWIC コンコーダンスを作成したり，その結果をファイルに保存して，自分のコンピュータにFTP（File Transfer Protocol）を使って転送することもできます。

6.1　利用の前の準備

Cobuild*Direct*を利用するために使うtelnetというのは，遠隔のネットワークを手元のコンピュータで操作することを指します。したがって，最初にしなくてはならないのは接続したい相手先を指定することです。電話をかけるにあたって，相手の電話番号を知らなくては話にならないのと同じことです。Cobuild*Direct*を利用するにはインターネットを経由して，titania.cobuild.collins.co.uk にtelnetでアクセスします。接続方法は，利用するtelnetソフトによって違いますので，各ソフトの説明書を見てください。

FTPの場合も，ファイルが保存されている場所を指定して，取ってくるファイルを指定するという作業が基本になります。FTP専用のソフトもありますので，利用すると便利です。

ここで，簡単にtelnetやFTPを行う場合のソフトを紹介しましょう。

Windowsマシンでは，telnet専用ソフトとしてTera Term（http://www.forest.impress.co.jp/library/terat.html），FTP専用ソフトとしてFTP Explorer（http://www.forest.impress.co.jp/library/ftpx.html）やWS_FTP（http://www.forest.impress.co.jp/library/ws_ftp.html）などがあります。（Windowsでは，専用ソフトを使わなくても，DOSプロンプトを出して，telnetコマンドやftpコマンドを実行することもできますが，専用ソフトを使った方が便利でしょう。）

Macintoshでは，telnet専用ソフトとしてNCSA Telnet J（http://www.vector.co.jp/soft/mac/net/se032505.html），FTP専用ソフトとしてFetch（http://fetch.info.co.jp/）などがあります。これらはどれも使い勝手のよいフリーまたはシェアウェアのソフトで，WWWや雑誌添付のCD-ROMから入手することができます。

UNIXマシンを使っている場合には，telnetという名前のコマンドが標準で用意されているので，プロンプトから直接telnetコマンドを実行することができます。FTPも同様です。

6.2 コーパスの選択

telnetによって，指定されたアドレスtitania.cobuild.collins.co.ukへの接続を完了し，ユーザ名，パスワード，氏名の入力を画面上で行うと，次の画面（メニュー画面）になります。

```
1. Interactive corpus access tool

2. Collocations listings

3. Automatically e-mail your saved data files

6. If the information on your screen seems to be garbled...

7. NEWS about access to the Bank of English [25 Sept 2000]

8. Change password

9. Quit and logout

(Enter a number for the required option):
```

［図２］メニュー画面

これは，Cobuild*Direct*で利用できる機能を示しています。実際によく使うのは，1の “Interactive corpus access tool” と2の “Collocations listings” でしょう。利用する機能は，番号を入力することによって指定します。ここでは，1を指定することにします。「1」と入力してリターン・キーを押します。そうすると，検索するコーパスを指定する画面に移ります［図３］。（Cobuild*Direct*で利用可能なのは，The Bank of Englishを構成する19のサブコーパスのうちの以下に示されている12のサブコーパスの一部です。）

```
Type the names of any number of subcorpora, taken from the following list:
npr       3129222 07 US National Public Radio broadcasts
today     5248302 11 UK Today newspaper
times     5763761 10 UK Times newspaper
usbooks   5626436 09 US books; fiction & non-fiction
oznews    5337528 01 Australian newspapers
bbc       2609869 06 BBC World Service radio broadcasts
usephem   1224710 05 US ephemera (leaflets, adverts, etc)
ukmags    4901990 03 UK magazines
sunnow    5824476 17 UK Sun newspaper
ukspok    9272579 04 UK transcribed informal speech
ukbooks   5354262 08 UK books; fiction & non-fiction
ukephem   3124354 02 UK ephemera (leaflets, adverts, etc)
'q' to quit; RETURN to select all corpora; 'd' to use .corpusrc file
Subcorpora:
```

［図3］コーパスを選択する画面

ここで左端一番上の段の npr から一番下の段の ukephem までが利用できるコーパスの略称です。次の数字は語数を，US, UK, OZ は米，英，豪を，右端は各コーパスの説明です。検索対象としたいコーパスの指定は，コーパス名を１つまたは複数入力することによって行います。例えば，英国と米国の書籍のコーパスを指定したい場合には，「ukbooks usbooks」（それぞれUK books とUS booksを意味します）と入力します。何も指定せずにリターン・キーを押すと，すべてのコーパスが指定されます。

6.3 検索式の入力

さて，コーパスを指定すると，検索式（Query）を入力する画面に移ります［図４］。式は，画面の一番上の「Query（or RETURN to exit）:」の後に入力します。

```
Query (or RETURN to exit):

    Examples of responses to `Query:' prompt -
         juncture           (matches the word `juncture')
         brief*             (matches `brief', `briefly', `briefcase' etc)
         jam/VB             (matches the word `jam' used as a verb)
         free+hand          (matches the string `free hand')
         bring@             (matches any form of the verb `bring')
         orient|orientate
                            (matches `orient' or `orientate')
         missle|mistle+thrush
                            (matches `missle thrush'or `mistle thrush')
         left+1,5behind
                            (`left' followed by `behind', with between one
                            and five words in between)
         foul+0,1up         (`foul' followed by `up', with either no words
                            or one word in between)
         pay+1,1respects
                            (`1,1' specifies exactly one intervening word;
                            `pay his respects', `pay their respects' etc)
         catch+¥22          (matches `catch 22')

    For more information, see the Reference document.
```

［図４］検索式を入力する画面（１行目に検索式を入力。下に例が示されており，これを見るだけでもかなり複雑な検索ができます。さらに詳しい参考資料もWWWで公開されています。）

Cobuild*Direct*での文字列検索は，Queryの後に様々な検索式を入力することによって行います。入力はすべて小文字で行うことになっていますが，検索自体は大文字と小文字の区別なしに行われるので，例えば，検索式を「make」とすると，make，Make，MAKE，MaKeなどm，a，k，eの大文字または小文字がこの順に生じるすべての文字列に合致することになります。検索結果は，検索式で指定した文字列を中央に配したKWIC コンコーダンス画面で表示されます。

なお注意すべきことは，複数の語の連続を検索する場合を含め，句読点

（punctuation marks）やスペースなど文字以外のものを検索対象に含めることはできない，ということです。ですから，例えば，間にスペースの入った「anything but」を調べる場合には「anything+but」と入力することになっています。また，文字以外のものは検索にあたってすべて無視されるので，「anything+but」は“... anything. But ...”のように文境界をまたぐものにも合致します。アポストロフィも語を区切る要素と見なされるので，don'tを検索するには，「don+t」と入力します。以下，基本的な検索式の立て方を例示します。

(a) 語そのものを検索するには，検索したい語をそのまま検索式として入力します。「make」と入力すれば，大文字・小文字のmakeを含む例が抽出されます。
(b) ある文字列で始まる語の検索を行うには，*という記号を用います。「brief*」は，brief, briefcase, briefcases, briefed, briefer, brieflyなど，briefで始まるすべての語に合致します。
(c) ある語とそのすべての変化形による検索を行うには，@という記号を用います。「make@」はmake, makes, made, makingに合致し，「be@」はam, are, be, been, being, is, was, wereに合致します。
(d) 複数の連続する語を検索するには，＋の記号を用います。「in+order+to」は“in order to”に合致します。仮に「in. Order to」のような例があれば，それにも合致します。
(e) 複数の不連続の語を検索するには，数字と＋を組み合わせます。「leave+1,4behind」は，leaveとbehindの間に他の語が1語から4語あってもよいことを示しているので，“leave something behind”のような文字列に合致します。仮に1,1とすれば，1語のみ介在することになります。数字には，0を含む任意の正の整数を用いることができます。
(f) 複数の語のうちの1つに合致するものを検索するには，|という記号を用います。「way|ways」は（大文字，小文字の）wayまたはwaysに合致します。
(g) (a) から (f) は語を指定することによる検索でしたが，品詞の指定を行った上で，ある語（連続）を検索することも可能です。例えば，「jam/VB」のように指定すると，jamのうち動詞用法のものだけが検索対象となります。厳密にはVBは動詞の不定詞の形を意味します。変化形をも含める場合には，VERBというタグを使います。否定を表す!をタグの前に付すと，「jam/!VB」は不定詞以外のjamを検索することになります。品詞タグは，ここでの例のようにすべて大文字で入力します。細分化された数多くのタグが用意されている点は便利ですが，各語へのタグ付けが必ずしも正確ではない場合があるので注意を要します。

(h) 語を特定せずに品詞だけを指定した検索を行うことも可能です。例えば，前置詞を表すタグINを用いて，「instead+of+IN」を検索式として入力すれば，"instead *of on* the road"のように前置詞が二つ並ぶ例が検索されることになります。ただし，品詞タグのみからなる検索式を立てることはできないので，前置詞2つの連続を検索対象とするために「IN+IN」という式を立てることはできません。

6.4　結果の表示

検索式に合致する例は，1つの画面につき23例ずつ，KWICコンコーダンス形式で表示されます。Cobuild*Direct*では1つのデータにつき80文字表示されます。(更に広い文脈を見たい場合には，文脈を表示したい行にカーソルを当ててxを押します。そうすると，前後2行，計5行の表示になります。) 図5は，make one's way（苦労して進む）やelbow one's way（肘で押し分けて進む）のようないわゆる「one's way構文」の例を検索するための「VERB+DTP+way」（動詞，所有代名詞，wayの連続を検索する式）で検索した結果を示す最初の画面です。

```
heritage is, as it should finding its way into Honda road cars. <p> The
      challenges. <p> Like fighting his way through the summer sales in search
 copy must have escaped and droned its way to the department. <p> Mr Somlyay
     tide and were unable to find their way out through a maze of reefs and
track SYDNEY: The Big Dipper raced its way back into Sydney's history when it
        if they don't always get their way Mark Austin, Buderim. <p> December
     to moonlighting after working his way through 86 jobs in one year and
   of 45. <p> Three kittens made their way into the world on the foot path in
s crop was lost. <p> Mice chewed their way through sorghum and sunflower crops
   this letter was silently making its way through the corridors of power,
 have: a band ragamuffins making their way through a seemingly adultless ,
   Some borrowers may opt to buy their way out of their mortgage at the end of
was looking for Welsh Miner to pay his way on soft tracks. <p> Plans are to
good swim. <p> She has been edging her way for some time." <p> Starkey, who
      an outbreak of mice eating their way through precious grain crops. <p> A
      in court today after pushing his way into a home and stealing a bottle of
Her darting fork, meanwhile, found its way into my sauteed baby octopus with
it is not difficult enough making your way around the expanded corridors that
     in 14 days if we keep winning our way through the Tooheys Challenge. <p>
on court whenever things didn't go his way. <p> I blame him for most of the bad
      because things weren't going his way. <p> You know the scene. <p> The big
 the falling ceiling had to push their way through the locked front doors. <p>
and I went for it. <p> It just went my way. <p> I got lucky there, to be quite
Line 1 of 3428.  Corpus oznews/01.  Text <tref id=N5000950106>.  `?' for help.
```

［図 5］KWIC 表示された画面

6.5　grep 検索によるデータの絞り込み

例文が表示された画面上では，指定されたコマンドを入力することによって，例文の並べ替え，前後の文脈の表示，出典の特定，統計的な情報の提示，キーワードの品詞タグの表示などが可能です。とりわけ重要なのは，画面上でgrep検索（「正規表現」に合致するパターンの検索）を行うことができるという点でしょう。検索された例文が少量であれば，すべての例を目で確認することは容易ですが，大量にある場合には，検索式に合致した文から必要なものだけを更に絞り込むための処理が必要となります。そのために，入力した正規表現に合致する例を検索するgrep（gを入力すると正規表現を入力する画面に移る）コマンドと，正規表現に合致しない例を検索するgrep（vと入力する）コマンドが用意されています。これを用いれば，例えば，検索式「VERB+DTP+way」で検索した例文中から “made my way into the” を含む例のみを抽出したり，あるいは逆にそれらのみを排除したりすることが可能となります。ここで注意すべきことは，図4で示した検索の最初の段階で入力する検索式とは異なり，grep検索時には，大文字・小文字の区別がなされるということと，句読点などの文字以外の記号やスペースなども文字と同様に検索対象にできるという点です。ですから，“made my way” では，“Made My Way” は検索されないことになります。これを利用して，句読点やスペースを生かした検索をしたり，大文字と小文字を区別した上での検索をすることも可能です。「正規表現」が使えるので，単に文字（列）だけではない複雑な検索ができます。

ここでは正規表現の例を少し示します。例えば，[ab]という正規表現は，「a」または「b」のいずれかを意味します。[ ]は，「[ ]の中の1文字」を表すわけです。[a-z]という正規表現は，「a」から「z」までの語のいずれか1つ，ということを意味しますので，結局は小文字一文字を指すことになります。[ ]は-と組み合わされ，範囲を指定していることになります。[A-Za-z]とすると，アルファベットのどれか1文字です。“a *b” のように*を用いると，「aがあって，その後に空白が0回以上あって，次にbが来るパターン」を表現することができます。*とは，直前の要素（ここではスペース（空白））の0回以上の繰り返しを指定します。ここではわずかな例を示しただけに過ぎませんが，正規表現に習熟すれば，かなり複雑な検索を行うことができるので便利です。

6.6　picture画面

Cobuild*Direct*の重要な機能として，picture画面の表示機能を挙げることができます。pictureは，検索した語（群）の周辺にどのような語が頻繁に現れるのかを示してくれます。これを利用すれば，コロケーションが一目瞭然に分かります。

例として，上でも引いたone's way構文を見てみましょう。「VERB+DTP+way」で検索した段階で，picture画面を作成するためにpを押します。そうすると，どの範囲までの「周辺」を表示するかを尋ねてきます。キーワード（この場合はway。picture画面ではNODEと表示されます）をはさむ左右3～6語の範囲を以下の画面で指定することができます。

```
Please decide how many columns of collocates you are interested in.
The number you ask for will be computed to both the left and the right
of the node.  Your number must be between 3 and 6.

 Please enter a single number between 3 and 6:
```

［図 6］picture画面の範囲を指定する画面

ここでは，「3」を入力してみます。そうすると，以下の画面になります。ここでは分かりやすいように，動詞の部分（NODEの１つおいて左に現れる語）を斜字体にしてあります。

to	*made*	his	NODE	through	the	the
and	*find*	their	NODE	to	a	and
he	*found*	its	NODE	into	to	a
have	*worked*	her	NODE	back	of	to
had	*make*	your	NODE	out	into	s
they	*work*	my	NODE	up	and	of
has	*forced*	our	NODE	around	it	top

t	*making*	NODE	in	through	it
i	*working*	NODE	<p>	from	<p>
we	*lost*	NODE	and	i	in
she	*force*	NODE	across	<p>	world
who	*come*	NODE	down	his	his
that	*finding*	NODE	from	her	but
you	*get*	NODE	along	this	i
was	*fight*	NODE	round	you	house
will	*fought*	NODE	of	he	he
can	*go*	NODE	on	an	home
is	*coming*	NODE	towards	in	for
could	*came*	NODE	past	life	was
then	*picked*	NODE	over	their	as
of	*clawed*	NODE	with	at	front
not	*pay*	NODE	the	that	have
it	*winging*	NODE	onto	they	crowd

"to". Tot freq:1375856. Freq as coll:498. t-sc:18.6350. MI:2.6002. '?' for help

［図７］「VERB+DTP+way」のpicture画面：頻度順

この表は，NODEである語（ここではway）の左右に現れる語を頻度順に表示しています。左隣には，his, their, its, herなどが現れていますが，これはタグで指定した所有代名詞（DTP = Possessive Determiner）です。この構文では，どのような動詞が現れるかが格別重要ですから，もう一語左の動詞（VERB）を見てみることにします。そうすると，made, find, found, worked, make, forcedという順に動詞が現れることが分かります。つまり，one's way構文には様々な動詞が現れるわけですが，典型的にはmake, find, workなどの動詞が高頻度に生じる，ということがここから読み取れます。ついでにNODEの右隣を見ると，through, to, intoなどの頻度が高いことが分かります。

このpicture画面は，頻度順に語を表示していますが，MI-scoreとt-scoreという統計値による順番で語を並べ替えることもできます。ここで詳細を述べる余裕はありませんが，MI-score（相互情報量Mutual Information Score）とは，概略，特定の２語間の結びつきの強さを測る尺度だと言えます。例えば，since time immemorial（太古の昔から）というような表現を見ると，immemorialという語は，名詞としては左隣にtimeという語以外は取らないので，このMI-scoreは大変高くなります。しかしa long timeのような場合には，longはtime以外の語と共起することも多く，特に強い結びつきがtimeとの間にあるわけではありません。したがって，MI-scoreはtime immemorialの結びつきと比べて低くなります。この二つのコロケーションを頻度で比べてしまうと，long timeの方がtime immemorialよりもはるかに高頻度に出現するので，前者が上位に来るわけですが，MI-scoreだと逆になります。このように，諺や慣用句，専門用語など独特の表現を構成する語がMI-scoreの上位に来ることになります。これは，辞書を作る際などには役立つ値でしょう。t-scoreは，特定の２語間に何らかの結びつきがあると言えるかどうかを測る値です。MI-scoreでは，連語を構成する語の意味的な特性が注目され，他の語との結びつきと比べてその結びつきがめずらしいかどうかを示してくれますが，t-scoreでは２語の共起頻度に焦点が当たるため，共起する前置詞，人称代名詞，冠詞などの一般的に頻度の高い文法的な語が上位にきます。t-scoreではまた，常套句や使い古された比喩なども上位に来ます。

ここでは，図７をMI-score順に並べ変えてみます。

cortege	*wended*	their	NODE	gingerly	contention	labyrinth
marchers	*winging*	its	NODE	cautiously	freedom	maze
zig	*wormed*	his	NODE	through	wembley	contention
pilgrims	*steamrolle*	our	NODE	upwards	thinking	foyer
procession	*wangled*	your	NODE	downhill	toward	tackles
gradually	*clawed*	my	NODE	onto	victory	ladder
choir	*threading*	her	NODE	across	into	obstacle
slowly	*clawing*		NODE	into	college	suburban
blake	*weaved*		NODE	towards	various	fog
somehow	*worming*		NODE	carefully	through	narrow

truck	*wriggled*	NODE	along	safety	crowds
results	*wove*	NODE	around	paris	hearts
finally	*threaded*	NODE	slowly	towards	defenders
soldiers	*inching*	NODE	back	america	crowd
gonna	*tricked*	NODE	toward	along	countrysid
eventually	*inched*	NODE	round	art	stairs
regularly	*groped*	NODE	past	life	ranks
currently	*snaking*	NODE	forward	power	passes
troops	*bulldozed*	NODE	out	inside	holes
surely	*weaves*	NODE	down	england	tables
fans	*elbowing*	NODE	eventually	across	top
howard	*barnstormi*	NODE	up	the	surface
quickly	*claw*	NODE	straight	europe	flat

"cortege". Tot freq:20. Freq as coll:3. t-sc:1.7314. MI:11.2960. '?' for help

［図８］「VERB+DTP+way」のpicture画面：MI-score順

図７と図８の２つのpicture画面を比較すると，動詞の順位が全く異なっていることがすぐに見て取れます。図８は，wended, winging, wormedなどがone's way構文に特異的に現れることを示しています。

ここで，頻度順で最上位のmadeと，MI-scoreで最上位のwendedとを詳しく見てみましょう。詳細情報を知りたいと思う語にカーソルを当てると，画面一番下にその情報が表示されます。それを以下に示します。

"made".	Tot freq:45730.	Freq as coll:258.	t-sc:15.8924.	MI:6.5629.
"wended".	Tot freq:5.	Freq as coll:5.	t-sc:2.2359.	MI:14.0332.

ここでmadeは，約5,600万語のコーパス全体の中で45,730回出現（Total Frequency（Tot freq）が45730）し，そのうち「VERB+DTP+way」，すなわちone's way構文に生じている回数は258回（Frequency as collocation（Freq as coll）

が258）で，MI-scoreは6.5629になっています。wendedは，コーパス全体で5回しか出現しません（Total Frequency（Tot freq）が5）が，その5回すべてが「VERB+DTP+way」，すなわちone's way構文に生じているので，Frequency as collocation（Freq as coll）も5になります。そのMI-scoreは14.0332となっていて，madeの場合よりも値が高くなっています。

つまり，one's way構文にはmadeが生じる頻度は高いのですが，そのmadeはone's way構文以外にも頻繁に用いられるので，その結びつきが格別強いわけではない，一方wendedは頻度自体は低くとも，使われるときは（このコーパスでは少なくとも）必ずone's wayとともに使われるというわけですから，そのMI-scoreは非常に高くなるわけです。ということは，madeもwendedもone's way構文にとって重要な語ということですが，重要である理由が異なる，ということになります。（ただし，wended以外の形ではone's way構文以外に生じている例が見られますので，wendという動詞がone's way構文でしか生じない，とまでは言えません。）

このように，コーパスを使うことによって，語と構文との結びつきを知ることができるわけです。

6.7　出典の特定

出典は，例文が表示されている段階でzを入力することで，画面の左端にテキストの識別番号で表示されます。例えば，図5の例文に出典を表示すると，次のようになります。（最初の10行だけ表示します。）

```
N5000950106 , as it should finding its way into Honda road cars. <p> The
N5000950106 ges. <p> Like fighting his way through the summer sales in search
N5000950106 ave escaped and droned its way to the department. <p> Mr Somlyay
N5000950106  were unable to find their way out through a maze of reefs and
N5000950106 : The Big Dipper raced its way back into Sydney's history when it
N5000950106 hey don't always get their way Mark Austin, Buderim. <p> December
N5000950112 lighting after working his way through 86 jobs in one year and
N5000950112 > Three kittens made their way into the world on the foot path in
```

```
N5000950106 hey don't always get their way Mark Austin, Buderim. <p> December
N5000950112 lighting after working his way through 86 jobs in one year and
N5000950112 > Three kittens made their way into the world on the foot path in
N5000950112 ost. <p> Mice chewed their way through sorghum and sunflower crops
N5000950112 er was silently making its way through the corridors of power,
```

［図９］図５の最初の10行に出典情報を表示した画面

左端の情報をもとに詳しい出典を知ることも当然できます。その情報はftp://titania.cobuild.collins.co.uk/pub/50M/ にあります。ここには出典のリストがコーパス毎に収納されているので，必要なリストをFTPで取ってくることができます。このリストを用いて，N5000950112のようなテキスト識別番号と照合すれば，書籍であれば著者・表題・出版年・出版社などが分かりますし，新聞であれば，新聞名・日付が分かります。

6.8　ファイルへの保存と転送

KWIC表示されたデータは，少数であれば，画面上でコピー・ペーストして，ワープロなどに取り込むことが簡単にできますが，例文数が多い場合には，それを行うことも大変です。そのような場合には，検索結果をファイルに保存すると便利です。Cobuild*Direct*では，１つのデータにつき32文字から512文字までを，各登録者に割り当てられるCobuild*Direct*上のディレクトリに，ファイルとして保存することができます。前述の通り，Cobuild*Direct*のKWICコンコーダンスの画面では１データは１行につき80文字表示されるわけですから，仮に512文字と指定すれば，前後数行の文脈と共に保存できることになります。保存の際には，テキストの識別番号を表示させた状態で保存すると，後で出典を特定するのに便利です。

保存したファイルは，FTPによって手元のコンピュータに転送することができます。FTPで転送したテキストに対して，前に述べたKWIC コンコーダンス作成用の各種ソフトを利用すれば，Cobuild*Direct*には用意されていない操作を行うこともできます。(また，Perlなどで書いたスクリプトを使って加工，整形すれば，欲しい情報を欲しい形で得ることができるようになり，データの有用性はさらに高まります。)

7. Cobuild*Direct*の語法・文法に関する利用例

ここでは，Cobuild*Direct*を用いた調査の具体例を３つ示します。最初の２つは，第５節でも触れたコロケーションに関わる問題です。

7.1. wholeの副詞用法

普通は形容詞であるwholeには，以下の文のように，強意を表す副詞（「全く」）として形容詞を修飾する用法があります。

(1) If you look at this, in some ways it's a whole new way of making warfare, ...
--- "Hackers claim weakness in U.S. networks" by Rob Wells (*Associated Press*) (*The Daily Yomiuri,* 1998/5/26, p. 8)

a whole new wayは「全く新しい方法」ということです。このような実例に出会った時に考える必要があるのは，副詞wholeは意味的な整合性がある限り，どのような形容詞でも修飾可能なのかという問題，つまり，副詞と形容詞のコロケーションの問題です。

では，Cobuild*Direct*を用いて，副詞wholeの形容詞修飾の用法を調査してみましょう。検索式は「a+whole+JJ」(JJは形容詞を表すタグ）とします。これは，不定冠詞aの直後にwholeが来て，その直後に形容詞が来ている例を検索する式です。もちろんJJの右には名詞が生じることを想定していますが，そこまでの指定は必要ないので，JJまででとどめておきます。検索式「a+whole+JJ」に合致したのは360例余りです。wholeの右に来る語で並べ替え（ソート）を行い，wholeの修飾要素に着目すると，360余りの例の中でa whole new ...となっているものが270例ほどあることがわかります（a whole new ball gameという熟語となっている表現が，その内10例)。次に多いのは，a whole different ...で31

例です。副詞としてのwholeは，大部分がnewを従えていて，differentがそれに次いで使われているということが分かります。この事実から，wholeは「全く」の意味で形容詞を修飾する用法をもっているとしても，それが修飾する形容詞にはかなり偏った傾向が見られると言えます。副詞用法のwholeは，newやdifferentと共起する傾向が際立って高いことが数値をもって確言できるわけですから，学習者が例文（1）のような英文に出会ってwholeに副詞用法があることを知ったとしても，それを見境なく作文に応用するわけにはいかないということになります。学習者が自分で英語を書く場合には，精々のところ，a whole new ...かa whole different ...にとどめておくのが無難でしょう。

7.2. stone still型

次の例では，名詞stoneが「石のように」という意味で副詞的に機能しています。

（2） ..., Louis Brown, who sat stone still as the verdict was announced, ...

--- "O. J. Simpson found liable for killing ex-wife, Ron Goldman"（Santa Monica, Calif.（AP））（*The Daily Yomiuri,* 1997/2/6, p. 1）

次も同様に，名詞rockが副詞的に形容詞を修飾しています。

（3）Rock-solid China yuan tested by yen slide（新聞記事の見出し）

（*The Daily Yomiuri,* 1998/6/12, p. 11）

Cobuild*Direct*で「rock+JJ」(JJ＝形容詞）での検索を行うと，rock-hard, rock-solid, rock-steadyなどが際だって多いことが分かります。「stone+JJ」の検索では，stone-cold, stone dead, stone deaf, stone-hardなどが目立ち，逆に，「rock+cold|dead|deaf」(rockの直後にcold, dead, deafのいずれか1語がきている例を検索する式）と「stone+solid|steady」(stoneの直後にsolidまたはsteadyがきている例を検索する式）に合致する例は，Cobuild*Direct*では皆無です。

ここから，両方に共通しているhardを除けば，「石」と「岩」では修飾する形容詞に相違が見られるということが分かります。「石のように」「岩のように」と表現したい場合に，stoneやrockを副詞として常に使えるわけではないということを知っておくことは，不自然な英文を書かないようにするためには重要ですし，英語の比喩表現を研究する際にも役立つ情報となります。

7.3.　文内に先行詞をもたない非制限的関係代名詞Which

関係代名詞は，whatのように先行詞を内包している場合を除き，同一文内に先行詞をもつのが現代英語の通則です。しかし，以下の文のように，非制限的関係詞が文の境界を越えて，前文に先行詞をもつ場合があります（ここでは，前文の内容全体を受けています）。

（4）When a photographer displays his work, few would think to ask how many tenths or hundredths of a second it took him to create his image. It is taken for granted that the worth of a photograph is in the eye of the photographer, or the skill of his timing. <u>Which</u> brings us to the irresistible question: What would a painter or a sculptor do with a fraction of a second?

--- "Change of focus," by Robert Reed（*The Daily Yomiuri,* 1997/12/30, p. 10）

ではCobuild*Direct*を用いて，Whichが文頭に生じ，(4) の例のように一般動詞の主語となっている型だけを対象として，Whichがどのような特徴をもって使われているかを調査してみましょう。まず，「which+VERB」（VERBはあらゆる形の動詞を表すタグ）を検索式とし，whichの直後に動詞が来ている例をコーパス中から抽出し，その後，検索結果が表示されている画面上で，大文字で始まるWhichだけをg（rep）コマンドを用いて検索します。その結果，文内に先行詞をもつ通常の非制限的関係代名詞whichの場合に比べ，この用法のWhichは，使われる動詞にかなりの制限がある（means, brings, begsなどが多い）ことが分かります。また動詞のみならず，動詞を中心とするパターンにも一定の傾向が見られます。特に頻度が高いのは，「Which means that 節」，「Which brings me/us（back）to 名詞句」，「Which begs the question ...」，「Which explains why ...」，「Which leads me/us（on）to 名詞句・動詞句」などです。

併せて興味深いのは，「brings me/us（back）to」が主語としてwhichをとっている49例中，Whichが文頭に生じている例が34例あり，さらにAll of which

が主語になっている4例を含めると，文内に先行詞をもたない用例が38例に及ぶということです。つまり，文頭のWhichの動詞句として「brings me/us（back）to」が生じやすいのみならず，「brings me/us（back）to」も文頭のWhichまたはAll of whichを取りやすいという両方向からの共起傾向が見て取れるということです。

これらの調査結果から，文内に先行詞をもたないWhichは，前の文の内容を受けての帰結を述べたり，話題の転換をするなど，ある一定の働きを担って用いられる場合が多いと言えます。

以上，この節では，三つの語法・文法上の調査を例にしてCobuild*Direct*の利用例を示しました。Cobuild*Direct*を使うことによって，例文収集はもとより，既存の辞書では得ることのできない情報を得たり，あるいはすでに記述がある場合でも，その辞書に書いてあることを再確認することができるわけです。また，ここでは特に述べませんでしたが，Cobuild*Direct*は細かなサブ・コーパスに分かれているので，その点を利用して英国英語と米国英語の違い，話し言葉と書き言葉の違いなども細かく調査することもできます。

8. まとめ

この章では，コーパスを利用した英語学習について述べてきました。コンピュータで処理することによって，言語資料は桁違いに有用性を増したと言えます。「桁違い」なのは，検索できる量と検索する速度，そして検索の正確さです。その違いはあくまで量的であって，質的ではありません。ただここで強調したいのは，量的な違いも，その違いがあまりに大きくなると，人間にとっては質的な違いになることがあるということです。CDの音楽は，不連続の0と1のデジタル情報で構成されています。しかし，それが不連続であると認識できるほど人間の耳は精緻に出来上がってはいません。そうした「人間の条件」を課されているからこそ，人間にはあたかも情報自体が不連続体から連続体に質的変容を遂げたかのように映るわけです。

言語資料の電子化は，言葉の研究者・教育者を「人間の条件」から解放しました。これまで人間には事実上成し得なかった「大量・高速・正確」な処理を，初めて可能にしたのです。旧来の手作業で得ることのできた資料とは桁違いに膨大な量の資料に基づくことで，これまで気付かなかったパターンを発見することができるようになり，また，直観に依拠した作例や少数の偶然見付けた実例では如何ともしがたい種類の言語記述が可能になったということです。コンピュータのおかげで，不可能が可能になったのですから，コンピュータ上でのコーパスの利用は，言語の研究・教育・学習に質的変化を与え得ると言えるでしょう。

もちろん，コーパスが万能というわけではありません。いかに巨大なコーパスであっても，所詮は実際に使われた言語表現の資料に過ぎないわけですから，「実際に使われたことはないが全く文法的」であるような事例は漏れてしまうことになります。資料の中に人間が表現できるすべての言語表現が含まれているとは言えないということです。Fillmoreという学者は，一方で“[E]very corpus that I've had a chance to examine, however small, has taught me facts that I couldn't imagine finding out about in any other way.”（私がこれまで使ったコーパスは，どんなに規模が小さいものであっても，他の方法では見つけ出せそうにない事実を私に教えてくれた）（Fillmore, C. J. 1992. “‘Corpus linguistics’ or ‘computer-aided armchair linguistics’,” in Svartvik, J.（eds.）*Directions in Corpus Linguistics: Proceedings of Nobel Symposium 82, Stockholm, 4-8 August 1991*. Berlin: Mouton de Gryuter.）と述べ，コーパスの有用性を認めつつ，しかし同時に“I don't think there can be any corpora, however large, that contain information about all of the areas of English lexicon and grammar that I want to explore; . . .”（どんなに規模が大きくても，英語の語彙や文法に関して私が知りたいと思うことをすべて含んでいるようなコーパスは存在しえないと思う）とも述べているのです。いわばコーパスは氷山の水面より上の部分の資料に過ぎないのであって，水面下に光を当てるためには，別の方法に頼ることが不可欠ということでしょう。水面下に光を当てるためには，直観が１つの手段です。しかし直観の方にも個人間で揺れがあり，常に信頼できるわけではないという問題があります。私たちが母語である日本語に関して，常に正しい判断ができるわけでも，客観的知識をもっているわけでもないのと全く同じことです。直観による判断は，かなりの数の母語話者の間で一定した判断が得られる場合にのみ，信憑性が出てくると考えておいた方が安全だと思います。となると，（如何に大量であれ氷山の一角に過ぎない）コーパスによるデータ収集と，（信頼性が常に高いわけではないが，明瞭な判断が得られるような場合には極めて有効な）直観とを，共に利用することが必要なのです。

最後になりましたが，コーパスを用いて言語研究をしようとする場合，コンピュータについてある程度の勉強が必要になります。しかし大切なのは，機械的に処理する方法を身に付けるというよりも，コーパスで検索するとはどういうことなのか，何のために検索を行うのかを常に自覚していることです。コーパスはそれ自身では何も語ってはくれません。あくまで道具に過ぎないのです。しかし，昨今の技術発達のおかげで歴史上初めて利用可能となった有用な道具ですから，仲良く付き合っていく必要があると思う次第です。

＊本稿の内容の一部は，論文や雑誌記事などに発表したものと重複します。

著者紹介

松岡光治（まつおか　みつはる）名古屋大学助教授（イギリス文学）
http://www.lang.nagoya-u.ac.jp/~matsuoka/
長畑明利（ながはた　あきとし）名古屋大学助教授（アメリカ文学）
http://www.lang.nagoya-u.ac.jp/~nagahata/
杉浦正利（すぎうら　まさとし）名古屋大学助教授（英語教育）
http://oscar.lang.nagoya-u.ac.jp/
後藤明史（ごとう　あきふみ）名古屋大学助教授（教育工学）
http://www.lang.nagoya-u.ac.jp/~goto/
馬場今日子（ばば　きょうこ）名古屋大学大学院生（英語教育）
http://oscar.lang.nagoya-u.ac.jp/~baba/
外池俊幸（とのいけ　としゆき）名古屋大学教授（言語学・辞書論）
http://www.lang.nagoya-u.ac.jp/~tonoike/
滝沢直宏（たきざわ　なおひろ）名古屋大学助教授（英語学・言語学）
http://www.lang.nagoya-u.ac.jp/~takizawa/

名古屋大学言語文化部・国際言語文化研究科URL:
http://www.lang.nagoya-u.ac.jp/

日本語索引（50音順）

英語索引（ABC順）

インターネットと英語学習　〔検印廃止〕

2001年3月20日　初版発行

編　者　名古屋大学言語文化部・国際言語文化研究科公開講座委員会
発行者　安　居　洋　一
組　版　エ デ ィ マ ン
印刷・製本　株式会社シナノ

〒160-0002　東京都新宿区坂町26
発行所　開文社出版株式会社
電話（03）3358-6288番・振替00160-0-52864

ISBN4-87571-666-4 C2082